Dr. Oetker
Gugelhupf
Klassiker und neue Kreationen

Dr. Oetker

Gugelhupf

Klassiker und neue Kreationen

Weltbild

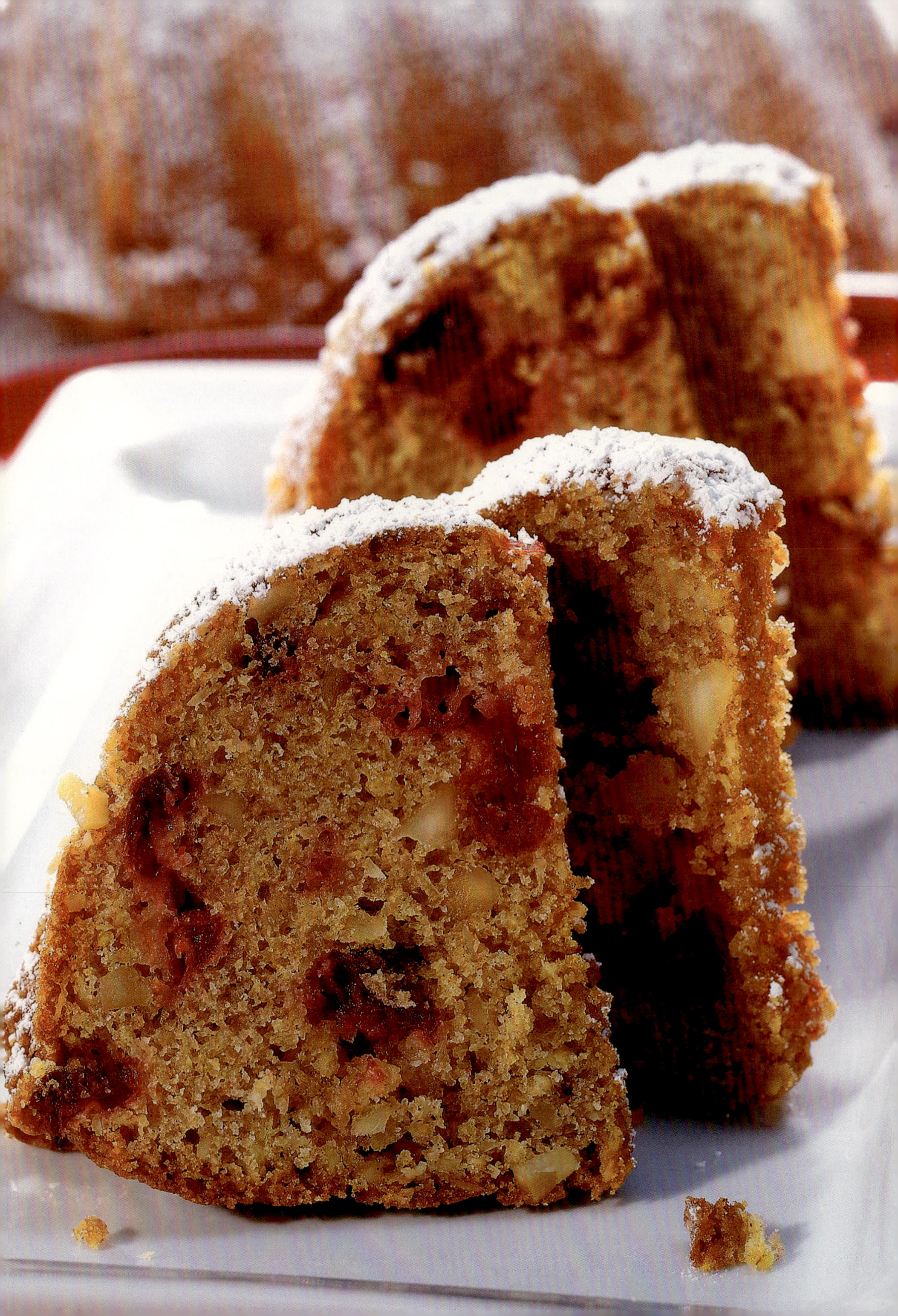

Vorwort

Gugelhupf, Napf- oder Topfkuchen – diese klassische Kuchen haben viele Namen und sind allseits beliebt.

Hier finden Sie neben klassischen Rezepten auch viele neue Backideen. Versuchen Sie doch einmal den Kartoffel-Aprikosen-Hupf, der aus Pellkartoffeln und eingeweichten, getrockneten Aprikosen gebacken wird. Oder wie wäre es mit dem kleinen Kokos-Marmorkuchen, dem Kokosraspel eine exotische Note verleihen?

Kaum eine Rezeptidee, die nicht als Gugelhupf den Kaffeetisch bereichert. Ob als Espresso-Mohn-Kranz oder Bananenhupf, mit Nüssen oder Schokolade – immer ist es formvollendeter Genuss, der bei allen gut ankommt.

Alle Rezepte wurden überarbeitet und so beschrieben, dass sie Ihnen garantiert gelingen.

Marmorkuchen

20 Stücke
Titelrezept – Klassisch

Für den Rührteig:
225 g weiche Butter oder Margarine
200 g Zucker
1 Pck. Dr. Oetker Vanillin-Zucker
1 Prise Salz
4 Eier (Größe M)
275 g Weizenmehl
3 gestr. TL Dr. Oetker Backin
etwa 2 EL Milch
15 g Kakaopulver
15 g Zucker
etwa 2 EL Milch

Zum Bestäuben:
1 EL Puderzucker

Pro Stück:
E: 3 g, F: 11 g, Kh: 22 g,
kJ: 849, kcal: 203

Zubereitungszeit: 30 Minuten, ohne Abkühlzeit
Backzeit: etwa 55 Minuten

1 Den Backofen vorheizen.
Ober-/Unterhitze: etwa 180 °C
Heißluft: etwa 160 °C

2 Für den Teig die Butter oder Margarine in einer Rührschüssel mit einem Mixer (Rührstäbe) auf höchster Stufe geschmeidig rühren. Nach und nach Zucker, Vanillin-Zucker und Salz unterrühren. So lange rühren, bis eine gebundene Masse entstanden ist. Jedes Ei etwa 1/2 Minute unterrühren.

3 Mehl mit Backpulver mischen und abwechselnd mit der Milch in 2 Portionen kurz auf mittlerer Stufe unterrühren.

4 Zwei Drittel des Teiges in eine Gugelhupfform (Ø 22 cm, gefettet) füllen. Kakaopulver sieben und mit Zucker und Milch unter den übrigen Teig rühren. Den dunklen Teig auf dem hellen Teig verteilen und eine Gabel spiralförmig leicht durch die Teigschichten ziehen, sodass ein Marmormuster entsteht.

5 Die Form auf dem Rost im unteren Drittel in den vorgeheizten Backofen schieben. Den Kuchen **etwa 55 Minuten backen.**

6 Den Kuchen etwa 10 Minuten in der Form stehen lassen, dann aus der Form lösen, auf einen Kuchenrost stürzen und erkalten lassen.

7 Den Kuchen vor dem Servieren mit Puderzucker bestäuben.

Tipp: Verfeinern Sie den Teig mit Rum-Aroma aus dem Röhrchen. Der Kuchen ist auch gefriergeeignet.

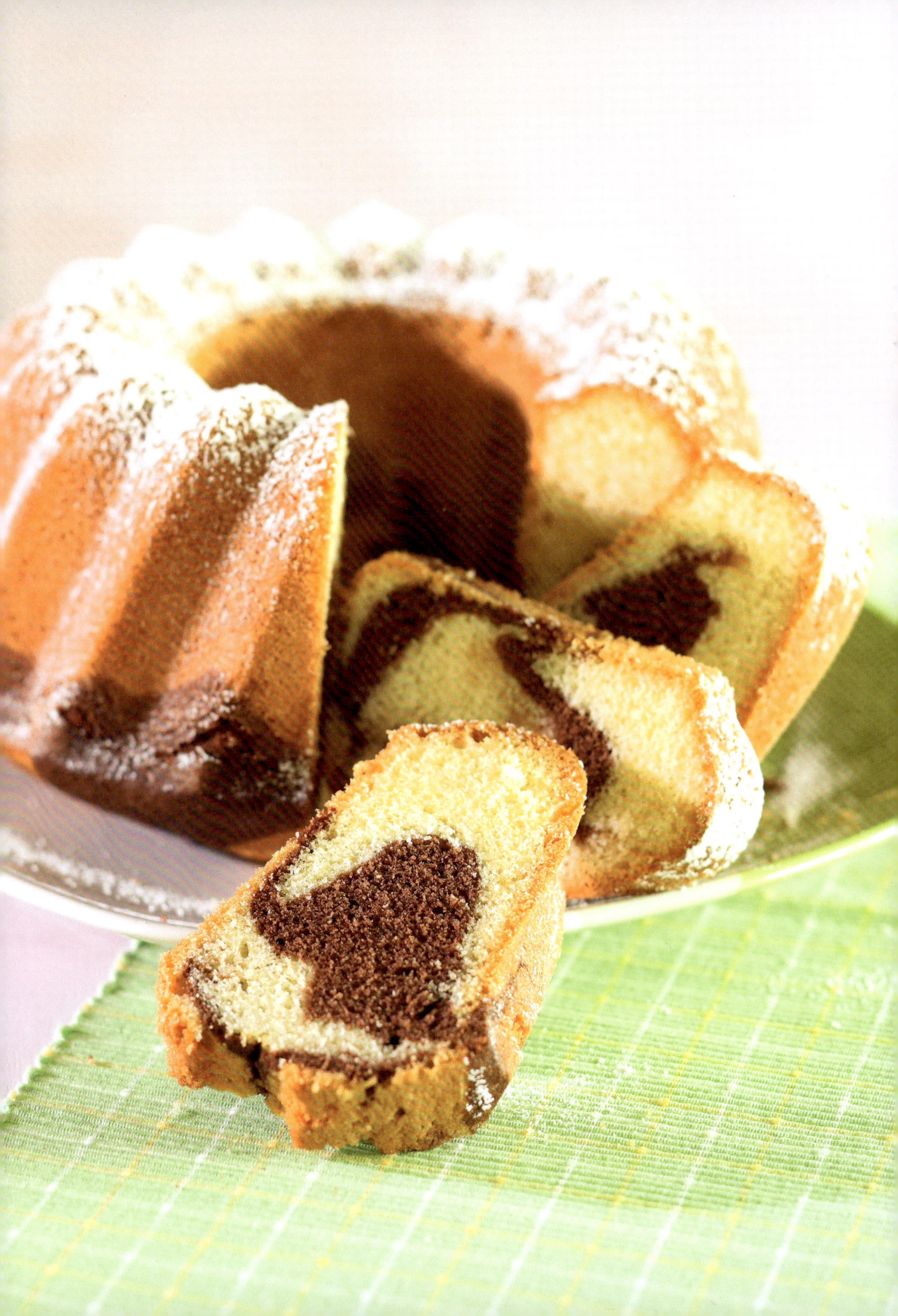

Marzipan-Kirsch-Gugelhupf

20 Stücke
Schnell zuzubereiten

Zum Vorbereiten:
370 g Sauerkirschen
(aus dem Glas)
200 g Marzipan-Rohmasse

Für den All-in-Teig:
200 g Weizenmehl
2 gestr. TL Dr. Oetker Backin
225 g Zucker
1 Prise Salz
1 Pck. Dr. Oetker Vanillin-Zucker
3 Eier (Größe M)
150 ml Speiseöl
75 ml Mineralwasser
mit Kohlensäure

Semmelbrösel für die Form

Zum Bestäuben:
etwas Puderzucker

Pro Stück:
E: 3 g, F: 12 g, Kh: 44 g,
kJ: 1612, kcal: 231

Zubereitungszeit: 15 Minuten,
ohne Abkühlzeit
Backzeit: 60–70 Minuten

1 Zum Vorbereiten die Sauerkirschen auf einem Sieb gut abtropfen lassen, evtl. mit Küchenpapier trocken tupfen. Marzipan-Rohmasse in kleine Würfel schneiden.

2 Den Backofen vorheizen.
Ober-/Unterhitze: etwa 180 °C
Heißluft: etwa 160 °C.

3 Für den Teig Mehl und Backpulver in einer Rührschüssel mischen. Marzipan-Rohmasse, Zucker, Salz, Vanillin-Zucker, Eier, Öl und Wasser hinzufügen. Die Zutaten mit einem Mixer (Rührstäbe) zunächst kurz auf niedrigster, dann auf höchster Stufe in etwa 2 Minuten zu einem glatten Teig verarbeiten.

4 Die Hälfte des Teiges in eine Gugelhupfform (Ø 22 cm, gefettet, mit Semmelbrösel ausgestreut) füllen und glatt streichen. Die Hälfte der Kirschen auf den Teig geben. Restlichen Teig und restliche Kirschen auf die gleiche Weise in die Form füllen. Die Form auf dem Rost in den vorgeheizten Backofen schieben. Den Kuchen **60–70 Minuten backen.**

5 Die Form auf einen Kuchenrost stellen. Den Kuchen nach etwa 10 Minuten auf den mit Backpapier belegten Kuchenrost stürzen. Den Kuchen erkalten lassen und vor dem Servieren mit Puderzucker bestreuen.

Tipp: Sehr gut schmeckt es auch, wenn Sie den Kuchen mit Schokoladenglasur überziehen.

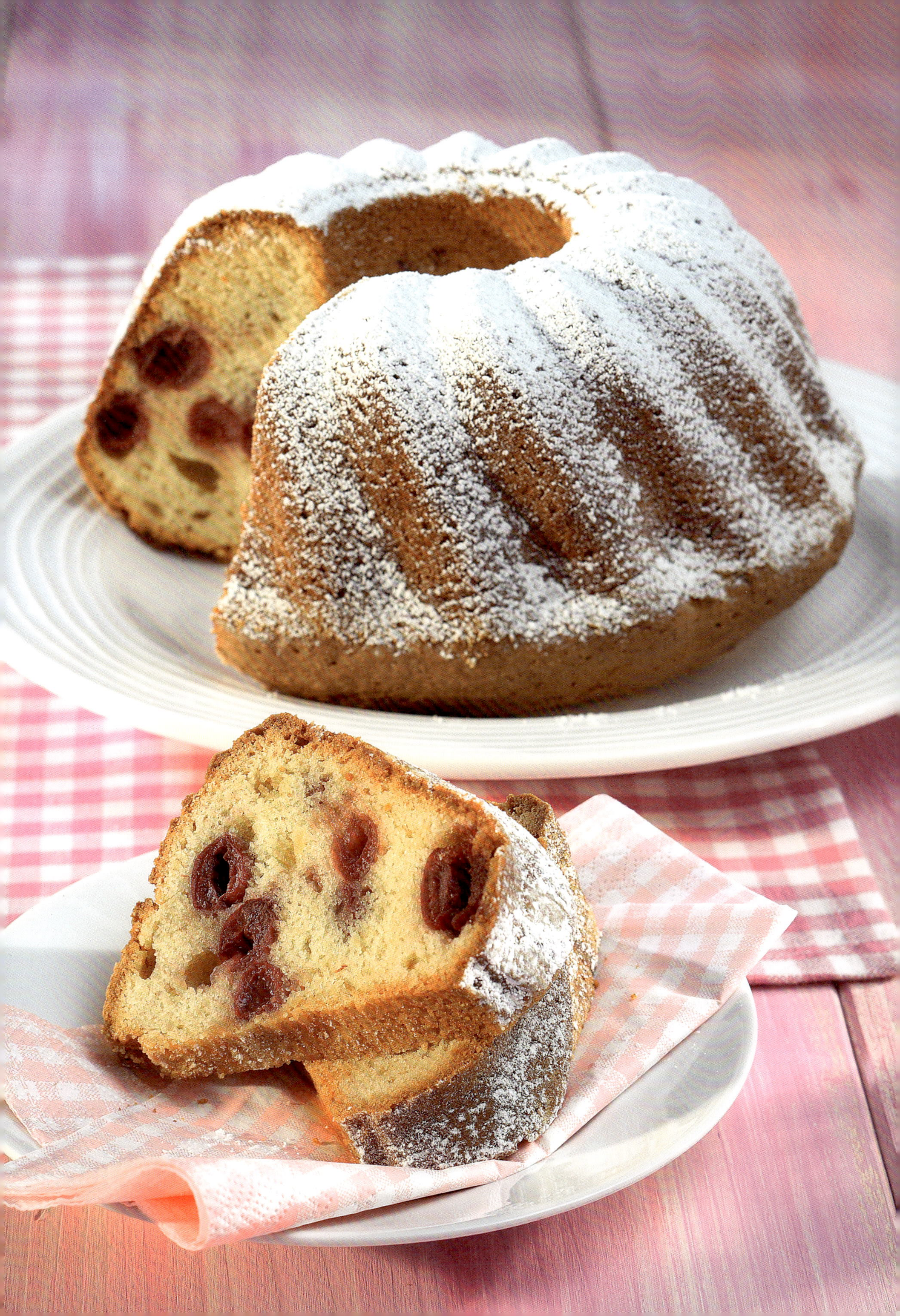

Napfkuchen mit Frischkäse

14 Stücke
Für jeden Tag

Für den Rührteig:
100 g weiche Butter
oder Margarine
80 g Zucker
1 Pck. Dr. Oetker Vanillin-Zucker
1 Prise Salz
100 g Doppelrahm-Frischkäse
½ Pck. Dr. Oetker Finesse
Geriebene Zitronenschale
2 Eier (Größe M)
170 g Weizenmehl
2 gestr. TL Dr. Oetker Backin
2 EL Milch (3,5 % Fett)
80 g Rosinen

Semmelbrösel für die Form

Zum Bestäuben:
etwas Puderzucker

Pro Stück:
E: 3 g, F: 10 g, Kh: 20 g,
kJ: 761, kcal: 182

Zubereitungszeit: 20 Minuten,
ohne Abkühlzeit
Backzeit: 40–50 Minuten

1 Den Backofen vorheizen.
Ober-/Unterhitze: etwa 180 °C
Heißluft: etwa 160 °C

2 Für den Teig Butter oder Margarine mit einem Mixer (Rührstäbe) auf höchster Stufe geschmeidig rühren. Nach und nach Zucker, Vanillin-Zucker und Salz unterrühren.

3 Frischkäse und die Zitronenschale in 2 Portionen untermischen. So lange rühren bis eine gebundene Masse entstanden ist. Jedes Ei etwa ½ Minute unterrühren.

4 Mehl mit Backpulver mischen, kurz auf mittlerer Stufe unterrühren. Anschließend Milch und Rosinen unterrühren. Den Teig in eine Gugelhupfform (Ø 16 cm, gefettet, mit Semmelbröseln ausgestreut) geben und glatt streichen.

5 Die Form auf dem Rost in den vorgeheizten Backofen schieben. Den Kuchen **40–50 Minuten backen.**

6 Die Form auf einen Kuchenrost stellen. Den Kuchen etwa 5 Minuten in der Form stehen lassen, dann aus der Form lösen und auf einen mit Backpapier belegten Kuchenrost stürzen.

7 Den Kuchen erkalten lassen und mit Puderzucker bestäuben.

Tipp: Eine etwas ungewöhnlichere Variante des Kuchens können Sie mit getrockneten Feigen und kandiertem Ingwer herstellen. Dafür von etwa 70 g Feigen die Stängel abtrennen und die Feigen in kleine Würfel schneiden. 20 g kandierten Ingwer im Zerkleinerer fein hacken. Beide Zutaten anstelle der Rosinen unter den Teig rühren. Kandierten Ingwer und getrocknete Feigen bekommen Sie im Bio-Laden oder Supermarkt. Sind die Rosinen nicht gleichmäßig im Teig verteilt, sondern sitzen auf dem Boden, war der Teig zu weich. Darauf achten, dass der Teig bei der Zubereitung schwer reißend vom Löffel fällt.

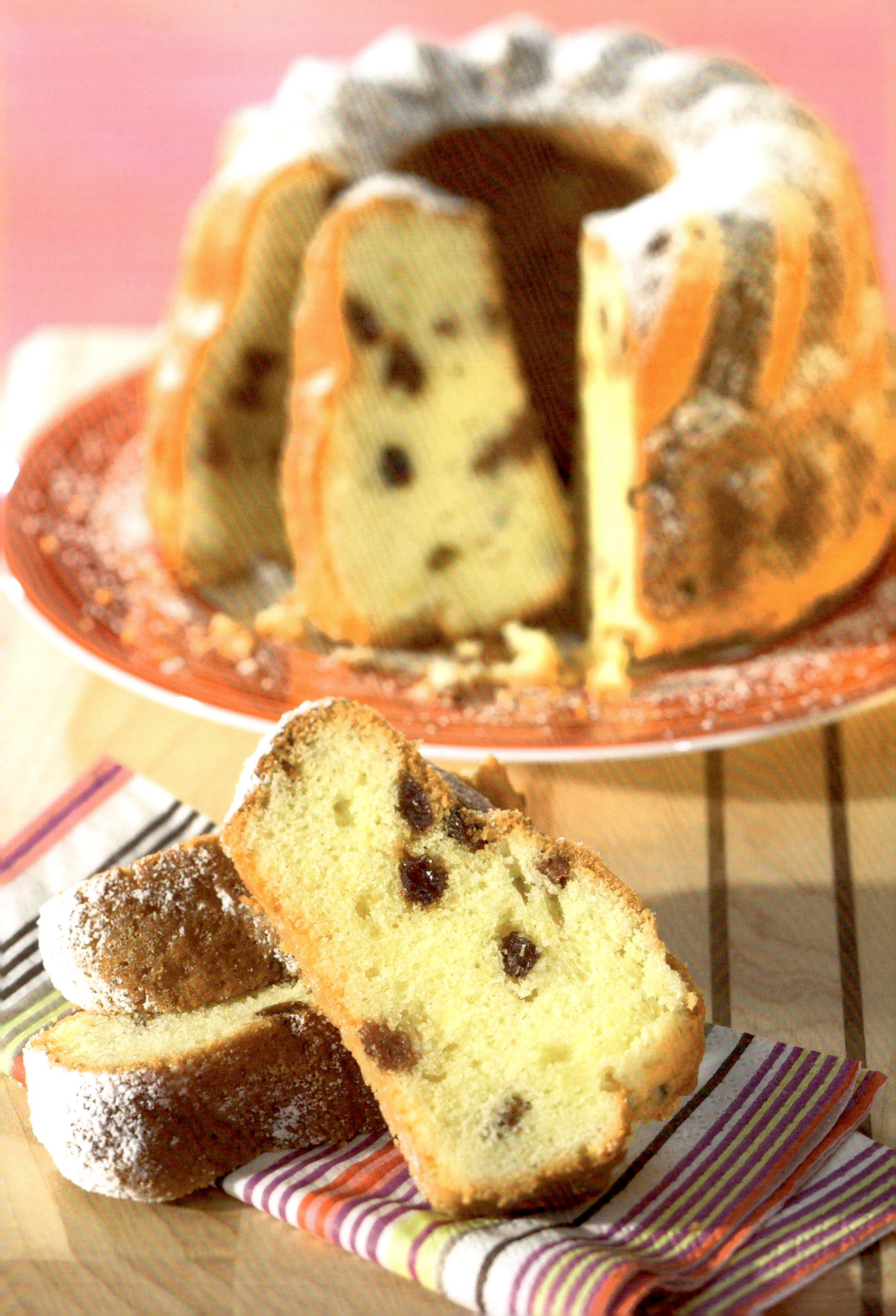

Pflaumen-Marmor-Kuchen

20 Stücke
Für jeden Tag

Zum Vorbereiten:
50 g kandierter Ingwer

Für den Rührteig:
250 g weiche Butter
oder Margarine
150 g Zucker
1 Pck. Dr. Oetker Vanillin-Zucker
1 Prise Salz
4 Eier (Größe M)
270 g Dinkelmehl (Type 630)
3 gestr. TL Dr. Oetker Backin
70 ml Milch (3,5 % Fett)
20 g Dinkelmehl (Type 630)
1 Msp. Dr. Oetker Backin
120 g Pflaumenmus
(aus dem Glas)

Zum Bestäuben:
2 TL Puderzucker

Pro Stück:
E: 3 g, F: 12 g, Kh: 24 g,
kJ: 900, kcal: 215

Zubereitungszeit: 35 Minuten,
ohne Abkühlzeit
Backzeit: etwa 50 Minuten

1 Zum Vorbereiten Ingwer in kleine Stücke hacken.

2 Den Backofen vorheizen.
Ober-/Unterhitze: etwa 180 °C
Heißluft: etwa 160 °C

3 Für den Teig Butter oder Margarine mit einem Mixer (Rührstäbe) auf höchster Stufe geschmeidig rühren. Nach und nach Zucker, Vanillin-Zucker und Salz unterrühren. So lange rühren, bis eine gebundene Masse entstanden ist. Jedes Ei etwa 1/2 Minute unterrühren.

4 Dinkelmehl (270 g) mit Backpulver mischen und abwechselnd mit der Milch in 2 Portionen kurz auf mittlerer Stufe unterrühren.

5 250 g des Teiges in eine Rührschüssel geben und Ingwerstückchen, Dinkelmehl (20 g), 1 Messerspitze Backpulver und das Pflaumenmus vorsichtig unterrühren.

6 Ein Drittel des restlichen hellen Teiges in eine Gugelhupfform (Ø 22 cm, gefettet, bemehlt) füllen und mit einem Löffel verstreichen. 3 Esslöffel des dunklen Teiges daraufgeben und verstreichen. Den restlichen hellen und dunklen Teig auf die gleiche Weise in die Form geben.

7 Die Form auf dem Rost in den vorgeheizten Backofen schieben und den Kuchen **etwa 50 Minuten backen.**

8 Die Form auf einen Kuchenrost stellen. Den Kuchen etwa 5 Minuten in der Form stehen lassen, dann aus der Form stürzen und wieder umdrehen. Den Kuchen erkalten lassen.

9 Den Pflaumen-Marmor-Kuchen mit Puderzucker bestäuben.

Tipp: Statt Ingwer 50 g Soft-Pflaumen nehmen, die Sie mit dem Pflaumenmus unterrühren.

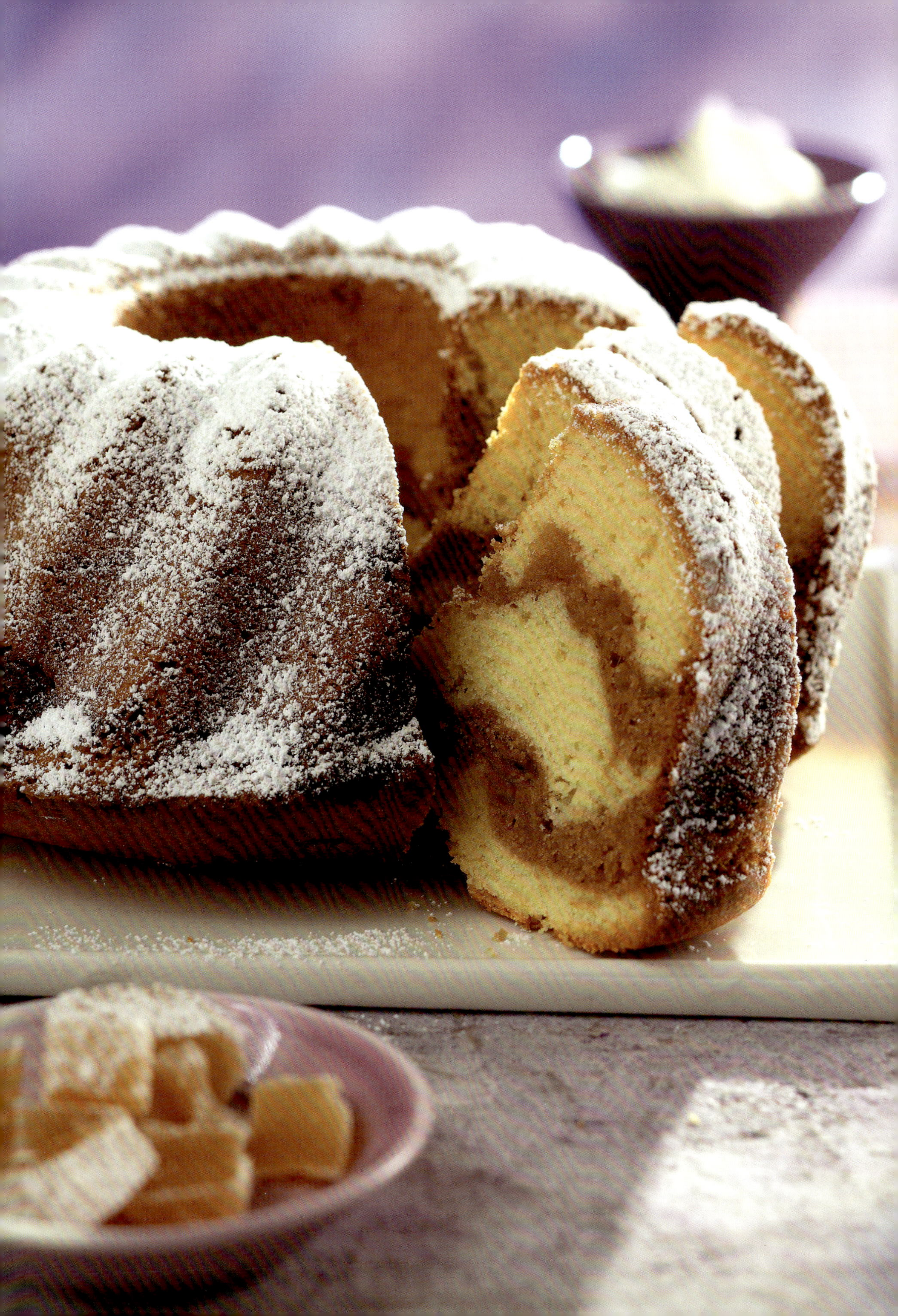

Erdnussgugelhupf

20 Stücke
Für Kinder

Zum Vorbereiten:
125 g geröstete, gesalzene Erdnusskerne

Für den Rührteig:
150 ml Speiseöl, z. B. Sonnenblumenöl
170 g Puderzucker
1 Pck. Dr. Oetker Vanillin-Zucker
3 Eier (Größe M)
250 g Weizenmehl
2 gestr. TL Dr. Oetker Backin
5 EL Mineralwasser mit Kohlensäure

Für den Guss:
50 g Zartbitter-Schokolade (etwa 50 % Kakaoanteil)
½ TL Speiseöl, z. B. Sonnenblumenöl

Pro Stück:
E: 4 g, F: 13 g, Kh: 20 g,
kJ: 882, kcal: 211

Zubereitungszeit: 30 Minuten, ohne Abkühlzeit
Backzeit: etwa 45 Minuten

1 Zum Vorbereiten die Erdnusskerne sehr fein hacken.

2 Den Backofen vorheizen.
Ober-/Unterhitze: etwa 180 °C
Heißluft: etwa 160 °C

3 Für den Teig Speiseöl, Puderzucker und Vanillin-Zucker mit einem Mixer (Rührstäbe) auf höchster Stufe glatt rühren. Jedes Ei etwa ½ Minute unterrühren. Die Zutaten anschließend etwa 1 Minute auf höchster Stufe schaumig rühren.

4 Mehl mit Backpulver mischen und in 2 Portionen kurz auf mittlerer Stufe unterrühren. Gehackte Erdnusskerne und Mineralwasser unterrühren.

5 Den Teig in eine Gugelhupfform (Ø 22 cm, mit Speiseöl gefettet, bemehlt) geben und glatt streichen. Die Form auf dem Rost in den vorgeheizten Backofen schieben. Den Gugelhupf **etwa 45 Minuten backen.**

6 Die Form auf einen Kuchenrost stellen. Den Gugelhupf etwa 10 Minuten in der Form stehen lassen, dann aus der Form lösen und auf den Kuchenrost stürzen. Gugelhupf erkalten lassen.

7 Für den Guss Schokolade in kleine Stücke schneiden und mit Speiseöl in einem kleinen Topf im Wasserbad bei schwacher Hitze unter Rühren schmelzen. Den Guss mit einem Löffel auf den Gugelhupf träufeln, die Schokolade fest werden lassen.

Tipp: Bestreuen Sie den Guss mit einigen gerösteten, gesalzenen Erdnusskernen. Wen das Salz stört, kann man die Erdnusskerne zwischen zwei Lagen Küchenpapier geben und das Salz abreiben.

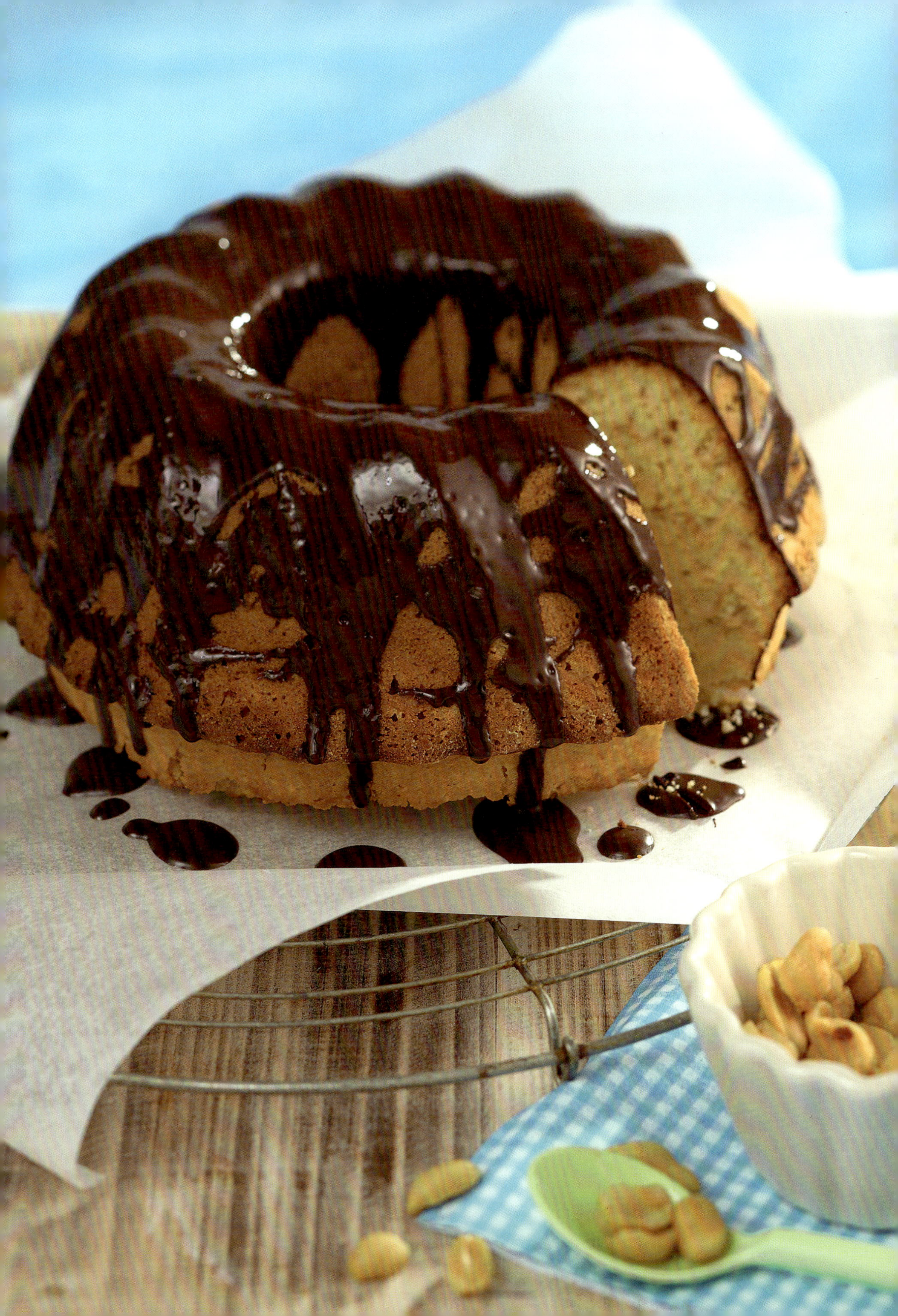

Eierlikör-Gugelhupf

16 Stücke
Mit Alkohol – gefriergeeignet

Für den All-in-Teig:
125 g Weizenmehl
125 g Speisestärke
4 gestr. TL Dr. Oetker Backin
250 g Puderzucker
2 Pck. Dr. Oetker Vanillin-Zucker
250 ml Speiseöl
250 ml Eierlikör
5 Eier (Größe M)

Zum Bestäuben:
etwas Puderzucker

Pro Stück:
E: 4 g, F: 19 g, Kh: 35 g,
kJ: 1418, kcal: 339

Zubereitungszeit: 20 Minuten, ohne Abkühlzeit
Backzeit: etwa 60 Minuten

1 Den Backofen vorheizen.
Ober-/Unterhitze: etwa 180 °C
Heißluft: etwa 160 °C

2 Für den Teig Mehl mit Speisestärke, Backpulver und Puderzucker in einer Rührschüssel mischen. Dann Vanillin-Zucker, Speiseöl, Eierlikör und Eier hinzufügen.

3 Die Zutaten mit einem Mixer (Rührstäbe) auf höchster Stufe mindestens 1 Minute schaumig schlagen. Zwischendurch die Teigmasse vom Schüsselrand lösen.

4 Den Teig in eine Gugelhupfform (Ø 22 cm, gefettet, bemehlt) geben. Die Form auf dem Rost im unteren Drittel in den vorgeheizten Backofen schieben. Den Gugelhupf **etwa 60 Minuten backen.**

5 Die Form auf einen Kuchenrost stellen. Den Gugelhupf etwa 10 Minuten in der Form stehen lassen, dann auf den Kuchenrost stürzen. Den Gugelhupf erkalten lassen und mit Puderzucker bestäuben.

Tipp: Der Gugelhupf kann gut eingefroren werden.

Abwandlung: Für Eierlikörwaffeln aus 100 g Puderzucker, 2 Eiern (Größe M), 1 Päckchen Vanillin-Zucker, 100 ml Speiseöl, 100 ml Eierlikör, 50 g Weizenmehl, 1 1/2 gestrichenen Teelöffeln Backin und 50 g Speisestärke wie im Rezept angegeben einen Teig zubereiten. Jeweils 2–3 Esslöffel Teig in ein gefettetes und gut erhitztes Waffeleisen geben. Die Waffeln goldgelb backen, einzeln auf einem Kuchenrost erkalten lassen und mit etwas Puderzucker bestäuben.

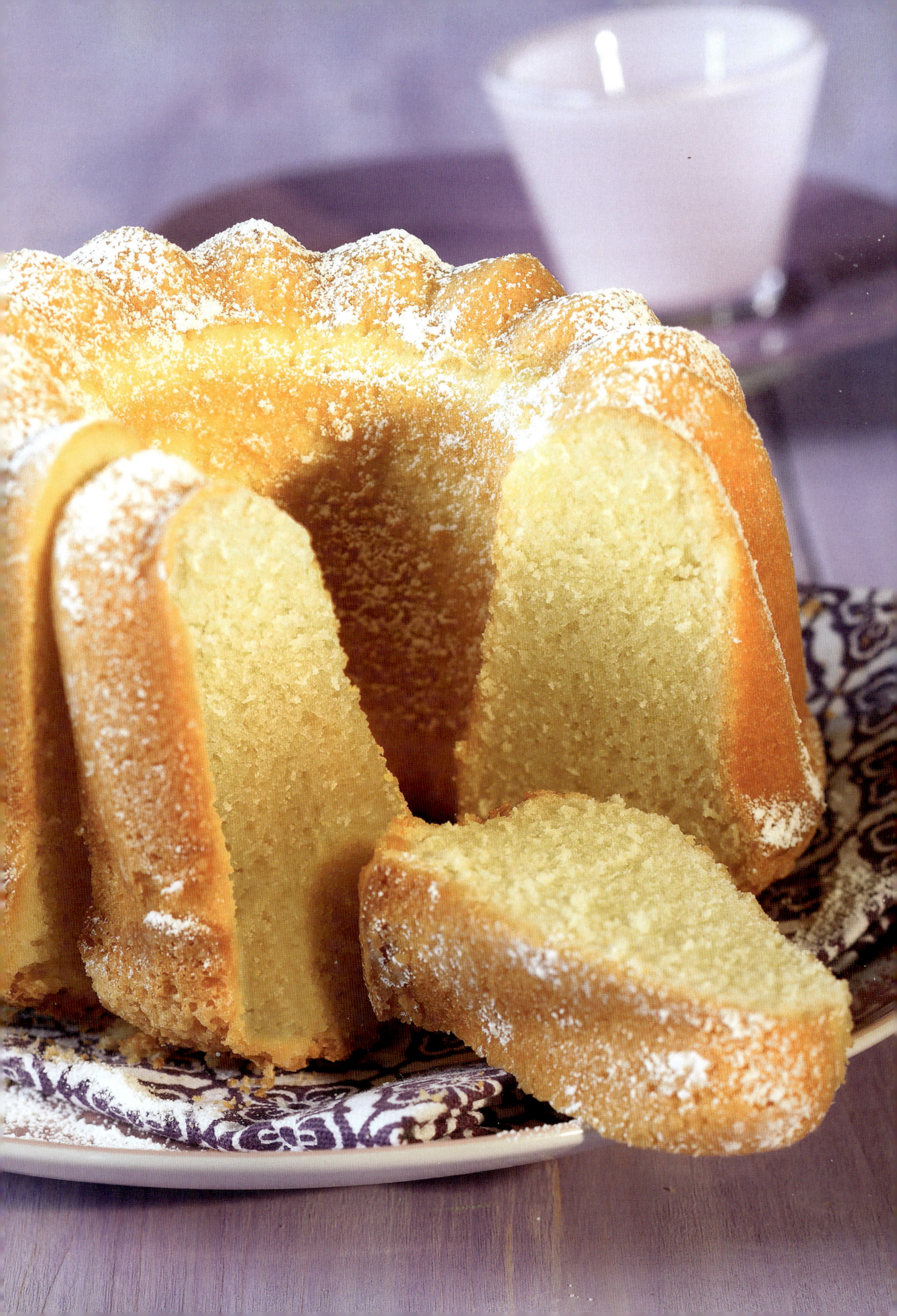

Apfel-Zimt-Gugelhupf

20 Stücke
Einfach

Zum Vorbereiten:
2 säuerliche Äpfel
(etwa 400 g, z. B. Cox Orange)

Für den Hefeteig:
375 g Weizenmehl
1 Pck. Hefeteig Garant
125 g Zucker
1 Pck. Dr. Oetker Vanillin-Zucker
1 Prise Salz
2 gestr. TL gemahlener Zimt
2 Eier (Größe M)
200 ml fettarme Milch
(1,5 % Fett)
100 g weiche Halbfett-Butter
(39 % Fett)

Zum Bestreichen und Bestreuen:
2 EL Aprikosenkonfitüre
(etwa 60 g)
50 g Haselnusskrokant

Pro Stück:
E: 3 g, F: 4 g, Kh: 27 g,
kJ: 654, kcal: 156

Zubereitungszeit: 20 Minuten,
ohne Teiggehzeit
Backzeit: etwa 55 Minuten

1 Zum Vorbereiten Äpfel schälen, vierteln, entkernen und in kleine Stücke schneiden.

2 Den Backofen vorheizen.
Ober-/Unterhitze: etwa 180 °C
Heißluft: etwa 160 °C

3 Für den Teig das Mehl in einer Rührschüssel mit Hefeteig Garant sorgfältig vermischen. Zucker, Vanillin-Zucker, Salz, Zimt, Eier, Milch und Butter hinzufügen. Die Zutaten mit einem Mixer (Knethaken) zunächst kurz auf niedrigster, dann auf höchster Stufe in etwa 2 Minuten zu einem glatten Teig verarbeiten. Apfelstücke mithilfe eines Teigschabers unterheben.

4 Den Teig in eine Gugelhupfform (Ø 22 cm, gefettet) geben und glatt streichen. Den Teig etwa 15 Minuten an einem warmen Ort gehen lassen.

5 Die Form auf dem Rost im unteren Drittel in den vorgeheizten Backofen schieben. Den Kuchen **etwa 55 Minuten backen.**

6 Den Gugelhupf etwa 10 Minuten in der Form stehen lassen, dann aus der Form lösen und auf einen Kuchenrost stürzen.

7 Zum Bestreichen und Bestreuen Konfitüre durch ein Sieb streichen, mit einem Backpinsel auf den noch heißen Kuchen streichen und sofort mit Krokant bestreuen. Gugelhupf erkalten lassen.

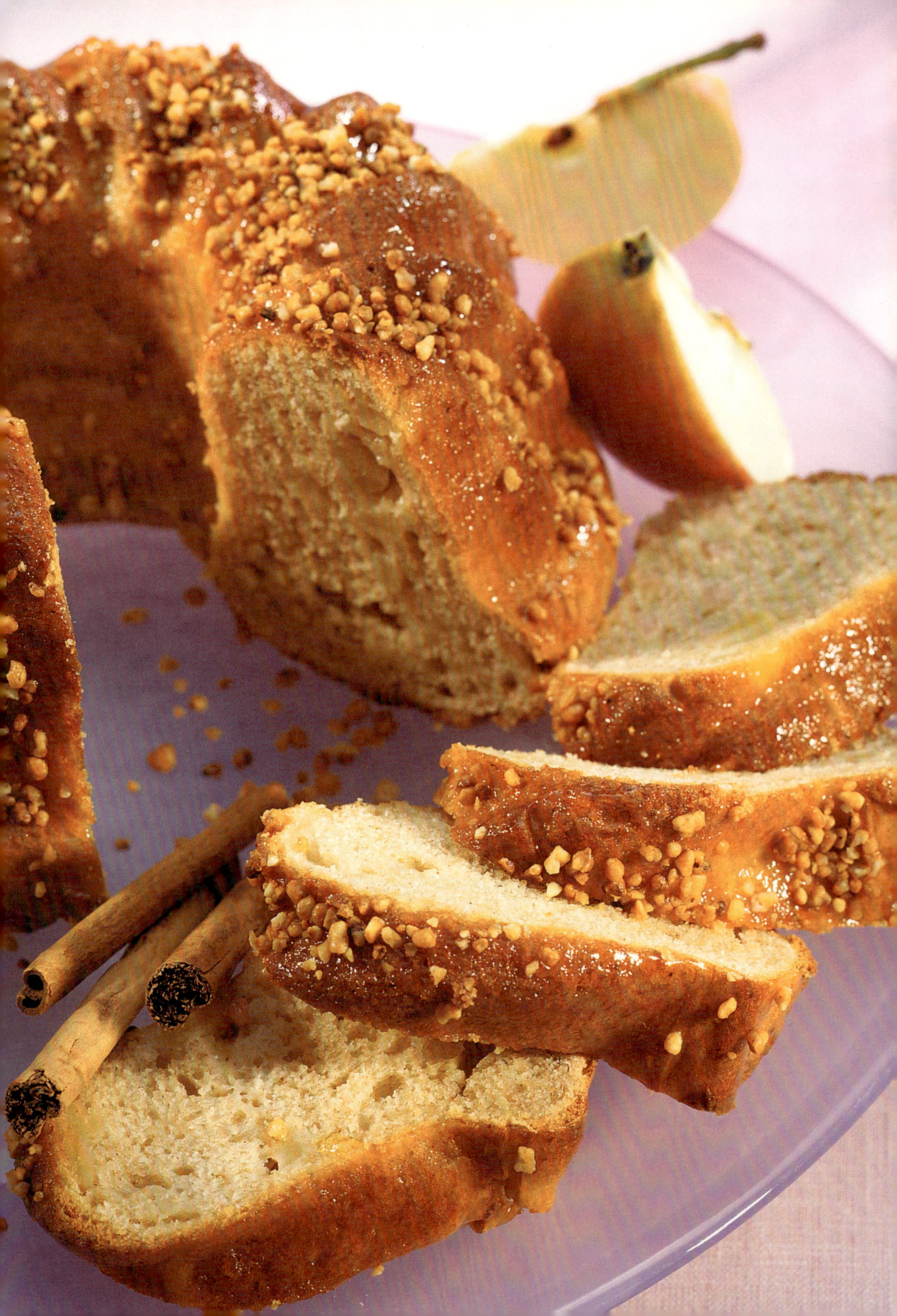

Buntes Marmorkuchen-Dreierlei

20 Stücke
Für den Kindergeburtstag

Für den Rührteig:
50 g Belegkirschen
300 g weiche Butter oder Margarine
275 g Zucker
1 Pck. Dr. Oetker Vanillin-Zucker
1 Prise Salz
5 Eier (Größe M)
375 g Weizenmehl
1 Pck. Dr. Oetker Backin
4 EL Milch (3,5 % Fett)
30 g gemahlene Pistazienkerne
2 EL Nuss-Nougat-Creme (zimmerwarm)

Für den Guss:
200 g Puderzucker
etwa 3 EL Wasser
rote und grüne Speisefarbe
etwas Nuss-Nougat-Creme (zimmerwarm)

Pro Stück:
E: 4 g, F: 16 g, Kh: 43 g,
kJ: 1397, kcal: 334

Zubereitungszeit: 40 Minuten
Backzeit: etwa 45 Minuten

1 Für den Teig Belegkirschen in sehr kleine Stücke schneiden.

2 Den Backofen vorheizen.
Ober-/Unterhitze: etwa 180 °C
Heißluft: etwa 160 °C

3 Butter oder Margarine mit einem Mixer (Rührstäbe) auf höchster Stufe geschmeidig rühren. Nach und nach Zucker, Vanillin-Zucker und Salz unterrühren. So lange rühren, bis eine gebundene Masse entstanden ist. Jedes Ei etwa 1/2 Minute unterrühren.

4 Mehl mit Backpulver mischen, abwechselnd in 2 Portionen mit der Milch kurz auf mittlerer Stufe unterrühren. Jeweils 2 Esslöffel Teig mit den Pistazienkernen, der Nuss-Nougat-Creme und den Belegkirschen verrühren.

5 Den restlichen Teig in eine Gugelhupfform (Ø 24 cm, gefettet, gemehlt) füllen und jeweils auf ein Drittel der Form die 3 verschieden gefärbten Teige verstreichen. Die helle und farbige Teigschicht innerhalb des jeweiligen Drittels mit einer Gabel spiralförmig durchziehen, sodass ein Marmormuster entsteht. Die Form auf dem Rost im unteren Drittel in den vorgeheizten Backofen schieben. Den Gugelhupf **etwa 45 Minuten backen.**

6 Die Form auf einen Kuchenrost stellen. Den Gugelhupf etwa 10 Minuten in der Form stehen lassen, dann aus der Form lösen und auf den Kuchenrost stürzen. Gugelhupf erkalten lassen.

7 Für den Guss Puderzucker mit so viel Wasser verrühren, dass eine dickflüssige Masse entsteht. Den Guss dritteln, mit Speisefarbe und Nuss-Nougat-Creme jeweils rot, grün und braun einfärben. Den Kuchen nach Belieben mit den Puderzuckerglasuren besprenkeln.

Tipp: Der Kuchen kann ohne Guss gut eingefroren werden.

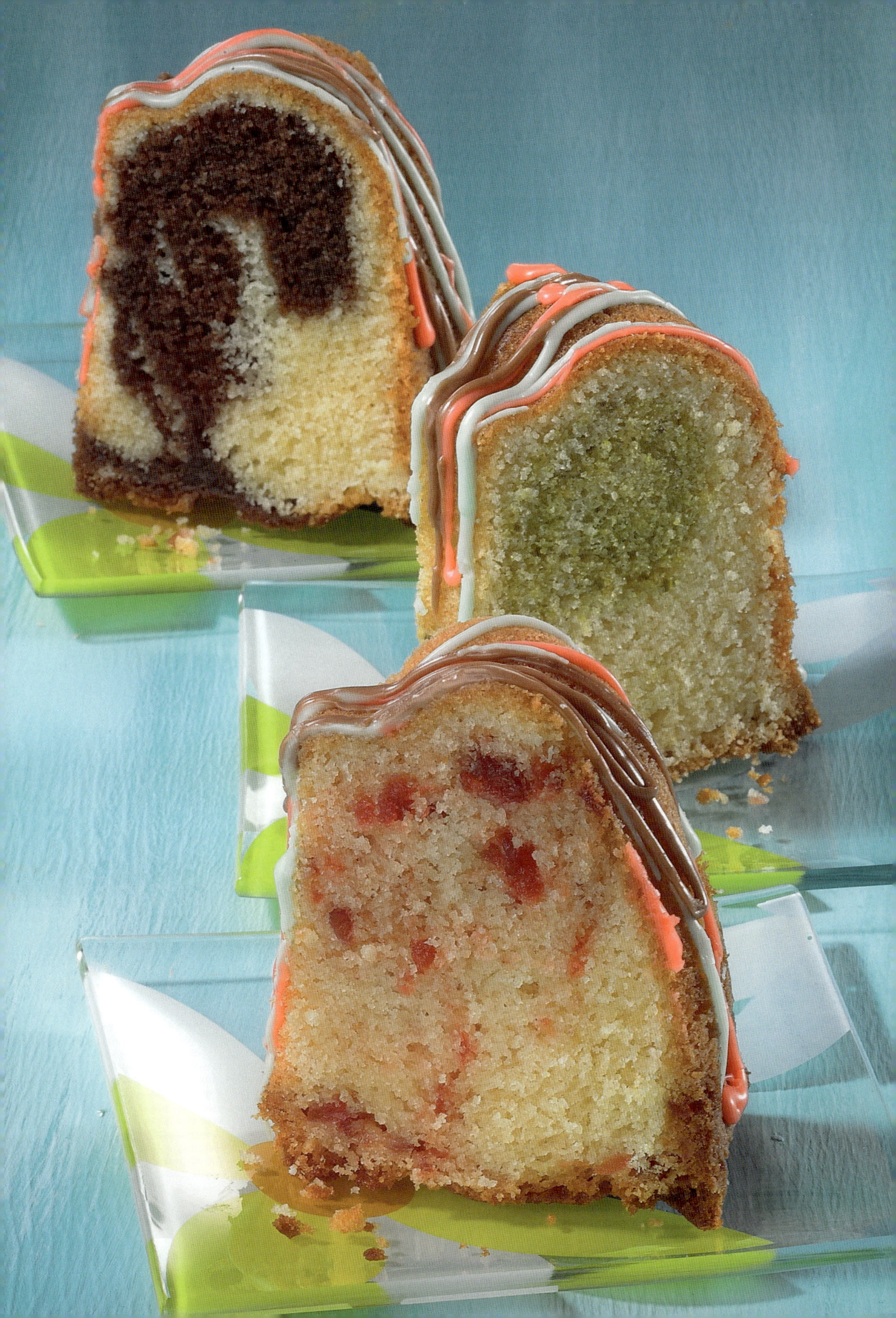

Schokoladen-Macadamia-Kuchen

20 Stücke
Für Gäste

Zum Vorbereiten:
75 ml Milch
1 EL gesiebtes Kakaopulver
50 g Vollmilch-Schokolade
80 g geröstete, gesalzene Macadamianusskerne

Für den Rührteig:
250 g weiche Butter oder Margarine
150 g Zucker
1 Pck. Dr. Oetker Vanillin-Zucker
4 Eier (Größe M)
250 g Weizenmehl
3 gestr. TL Dr. Oetker Backin

Für den Guss:
150 g Vollmilch-Schokolade
1 TL Speiseöl

Pro Stück:
E: 4 g, F: 18 g, Kh: 22 g,
kJ: 1145, kcal: 274

Zubereitungszeit: 40 Minuten, ohne Abkühlzeit
Backzeit: 50–60 Minuten

1 Zum Vorbereiten Milch mit Kakao in einem kleinen Topf verrühren und erhitzen. Den Topf von der Kochstelle nehmen. Schokolade in kleine Stücke brechen und in dem heißen Kakao unter Rühren auflösen. Die Schoko-Milch unter Rühren erkalten lassen. Macadamianusskerne grob hacken.

2 Den Backofen vorheizen.
Ober-/Unterhitze: etwa 180 °C
Heißluft: etwa 160 °C

3 Für den Teig Butter oder Margarine in einer Rührschüssel mit einem Mixer (Rührstäbe) auf höchster Stufe geschmeidig rühren. Nach und nach Zucker und Vanillin-Zucker unterrühren. So lange rühren, bis eine gebundene Masse entstanden ist. Jedes Ei etwa $1/2$ Minute unterrühren.

4 Mehl mit Backpulver mischen und abwechselnd in 2 Portionen mit der Schoko-Milch kurz auf mittlerer Stufe unterrühren. Die gehackten Nusskerne kurz unterrühren. Den Teig in eine Gugelhupfform (Ø 22 cm, gefettet) füllen und glatt streichen. Die Form auf dem Rost in den vorgeheizten Backofen schieben. Den Kuchen **50–60 Minuten backen.**

5 Die Form auf einen Kuchenrost stellen. Den Kuchen etwas abkühlen lassen. Dann aus der Form lösen, auf den mit Backpapier belegten Kuchenrost stürzen und erkalten lassen.

6 Für den Guss die Schokolade in Stücke brechen und mit Speiseöl in einem kleinen Topf im heißen Wasserbad bei schwacher Hitze unter Rühren schmelzen. Den Kuchen mit der Schokolade überziehen. Schokolade fest werden lassen.

Tipp: Einige Macadamianusskerne hacken und auf den noch feuchten Guss streuen. Guss fest werden lassen.

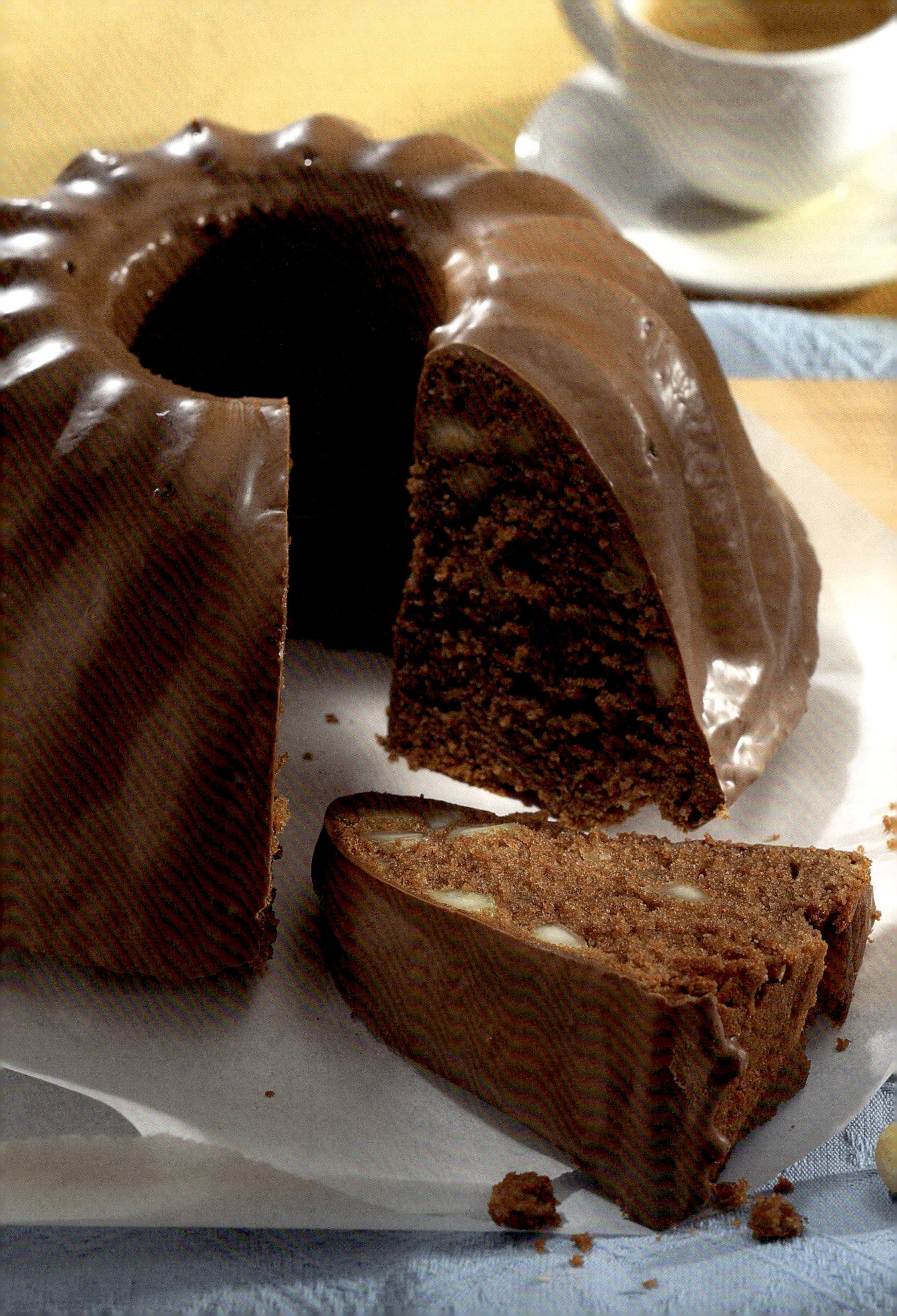

Fruchtiger Gugelhupf

20 Stücke
Einfach

Zum Vorbereiten:
75 g Amarettini
(ital. Mandelmakronen)

Für den Teig:
300 g Weizenmehl
4 gestr. TL Dr. Oetker Backin
150 g Zucker
1 Pck. Dr. Oetker Bourbon-Vanille-Zucker
1 Pck. Dr. Oetker Finesse Geriebene Zitronenschale
3 Eier (Größe M)
125 g Magerquark
150 g weiche Butter oder Margarine
200 g TK-Himbeeren

Pro Stück:
E: 4 g, F: 8 g, Kh: 23 g,
kJ: 749, kcal: 179

Zubereitungszeit: 15 Minuten
Backzeit: etwa 55 Minuten

1 Amarettini in einen Gefrierbeutel geben. Den Beutel fest verschließen und die Amarettini mit einer Teigrolle grob zerkleinern.

2 Den Backofen vorheizen.
Ober-/Unterhitze: etwa 180 °C
Heißluft: etwa 160 °C

3 Für den Teig Mehl mit Backpulver in einer Rührschüssel gut vermischen. Zucker, Vanille-Zucker, Zitronenschale, Eier, Quark und Butter oder Margarine hinzufügen. Die Zutaten mit einem Mixer (Rührstäbe) erst kurz auf niedrigster, dann auf höchster Stufe in etwa 2 Minuten zu einem glatten Teig verarbeiten.

4 Amarettini-Brösel unterrühren und Himbeeren vorsichtig unterheben. Den Teig in eine Gugelhupfform (Ø 22 cm, gefettet, bemehlt) füllen und glatt streichen.

5 Die Form auf dem Rost im unteren Drittel in den vorgeheizten Backofen schieben. Den Gugelhupf **etwa 55 Minuten backen.**

6 Den Kuchen nach dem Backen auf einen Kuchenrost stellen und etwa 10 Minuten abkühlen lassen. Den Kuchen dann auf den mit Backpapier belegten Kuchenrost stürzen. Den Kuchen erkalten lassen.

Tipp: Den Kuchen nach Belieben mit 100 g geschmolzener, weißer Kuvertüre besprenkeln. Statt der TK-Himbeeren können auch 200 g frische, verlesene Himbeeren oder entsteinte Sauerkirschen verwendet werden.

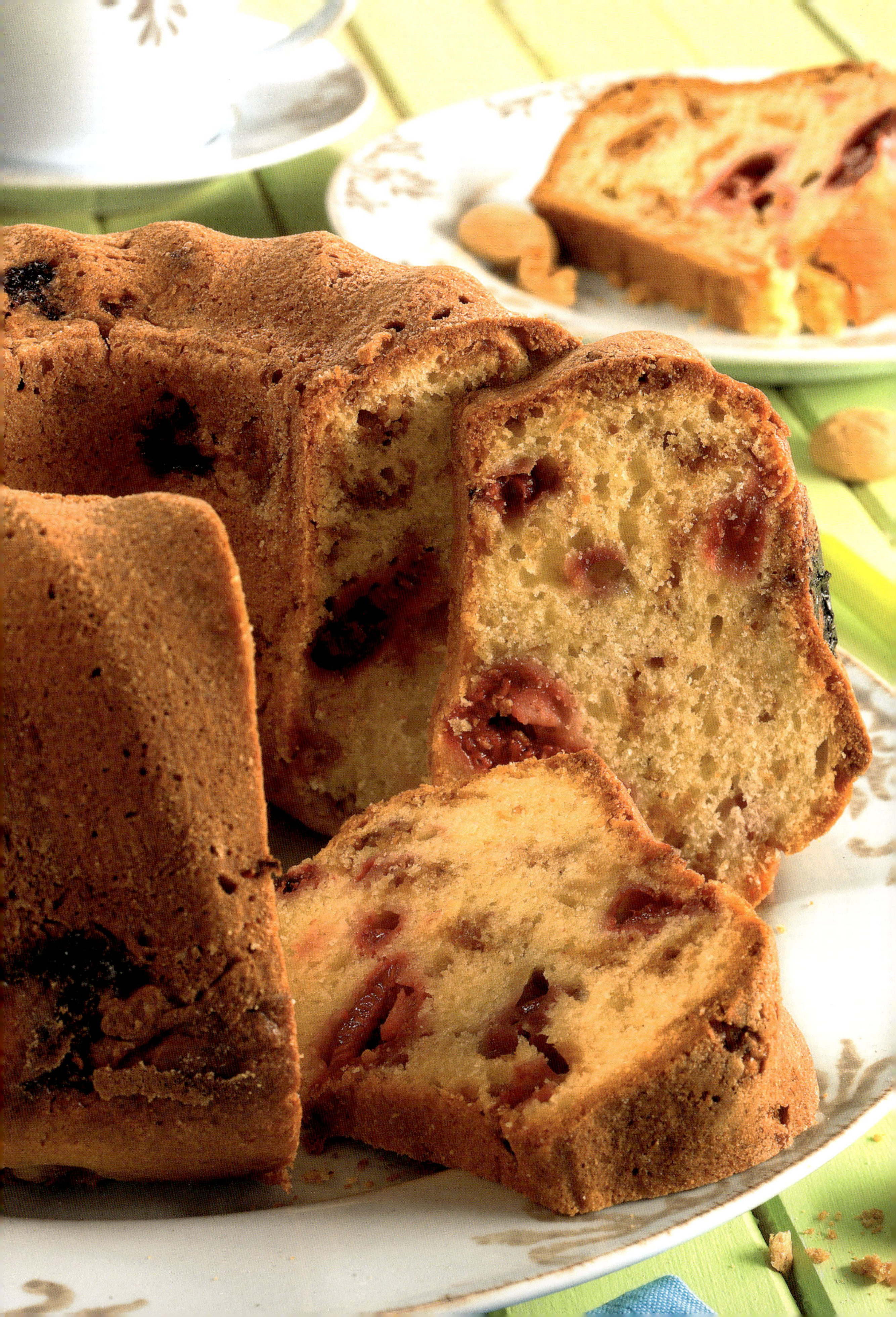

Sandkuchen „Tante Paula"

20 Stücke
Klassisch

Zum Vorbereiten:
6 Eiweiß (Größe M)
130 g Puderzucker

Für den Teig:
300 g weiche Butter
150 g Puderzucker
6 Eigelb (Größe M)
1 Prise Salz
1 Röhrchen Butter-Vanille-Aroma
abgeriebene Schale von
1 Bio-Zitrone
280 g Speisestärke
1 knapp gestr. TL
Dr. Oetker Backin

Pro Stück:
E: 3 g, F: 15 g, Kh: 26 g,
kJ: 1035, kcal: 247

Zubereitungszeit: 30 Minuten
Backzeit: etwa 65 Minuten

1 Backofen vorheizen.
Ober-/Unterhitze: etwa 160 °C
Heißluft: etwa 140 °C

2 Zum Vorbereiten Eiweiß steif schlagen. Nach und nach den Puderzucker hinzugeben. So lange schlagen, bis die Masse stark glänzt. Die Eischneemasse bis zur Weiterverarbeitung in den Kühlschrank stellen.

3 Für den Teig Butter mit einem Mixer (Rührstäbe) auf höchster Stufe schaumig schlagen. Puderzucker nach und nach unterrühren. So lange rühren, bis die Masse weiß schaumig ist. Eigelb nach und nach kurz unterrühren. Salz, Aroma und Zitronenschale unterrühren. Speisestärke mit Backpulver mischen, in 2 Portionen kurz auf niedrigster Stufe unterrühren.

4 Die Eischneemasse in 4–5 Portionen sehr vorsichtig mit einem Schneebesen unter den Teig ziehen. Dabei darauf achten, dass die feinen Luftbläschen möglichst erhalten bleiben.

5 Den Teig in eine Gugelhupfform (Ø 24 cm, gefettet, gemehlt) geben. Die Form sofort auf dem Rost in den vorgeheizten Backofen schieben. Nach etwa 15 Minuten Backzeit vorsichtig mit einem scharfen Messer die Teigoberfläche ringförmig einschneiden (so geht der Kuchen gleichmäßig auf). Den Kuchen **etwa 65 Minuten backen.**

6 Die Form auf einen Kuchenrost stellen. Den Kuchen etwa 10 Minuten in der Form stehen lassen, dann aus der Form lösen, auf einen Kuchenrost stürzen und wieder zurück in die Form gleiten lassen. Den Kuchen in der Form erkalten lassen.

Tipps: Statt Butter-Vanille-Aroma können auch 2 Esslöffel Rum oder geriebene Orangenschale von 1 Bio-Orange in den Teig gegeben werden.
Wird der Sandkuchen „Tante Paula" mit einem Guss (z. B. Schokoladenguss) überzogen, bleibt er sehr lange frisch.

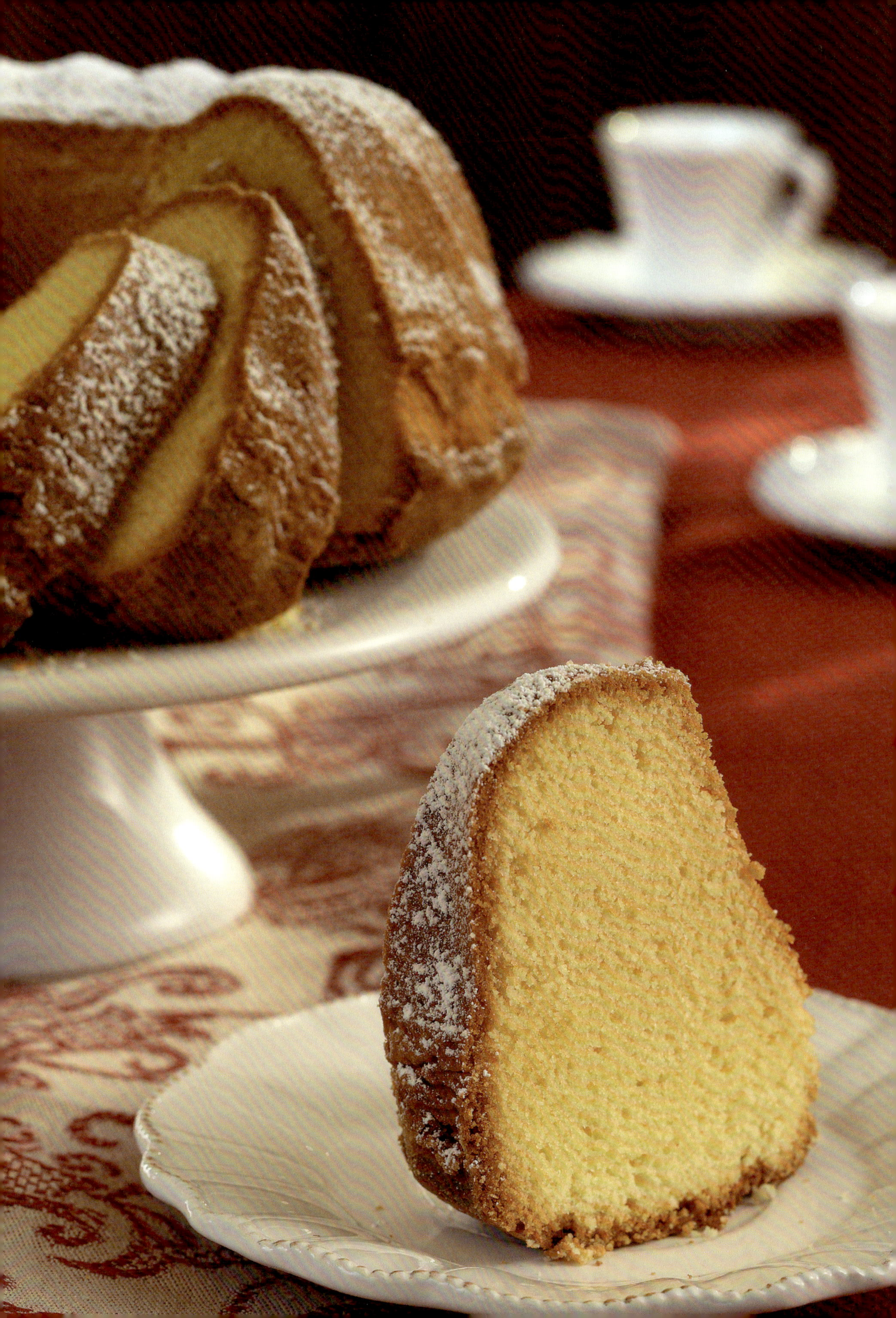

Gugelhupf, fein

20 Stücke
Klassisch – für Gäste

Für den Vorteig:
50 g Schlagsahne
500 g Weizenmehl
1 Pck. Dr. Oetker Trockenbackhefe
1 TL Zucker

Für den Hefeteig:
150 g Schlagsahne
200 g Butter oder Margarine
150 g Zucker
1 Pck. Dr. Oetker Vanillin-Zucker
6 Tropfen Zitronen-Aroma
1 Prise Salz
4 Eier (Größe M)
150 g Rosinen
150 g Korinthen
100 g gehackte Mandeln

Zum Bestäuben:
etwas Puderzucker

Pro Stück:
E: 6 g, F: 16 g, Kh: 38 g,
kJ: 1330, kcal: 318

Zubereitungszeit: 35 Minuten, ohne Teiggeh- und Abkühlzeit
Backzeit: 55–60 Minuten

1 Für den Vorteig Sahne erwärmen. Mehl in eine Rührschüssel geben und in die Mitte eine Vertiefung drücken. Hefe und Zucker hineingeben. Die warme Sahne hinzufügen. Die Zutaten mit etwas Mehl mit einer Gabel vorsichtig verrühren. Den Vorteig zugedeckt etwa 15 Minuten bei Zimmertemperatur gehen lassen.

2 Für den Hefeteig Sahne, Butter oder Margarine, Zucker, Vanillin-Zucker, Aroma, Salz und Eier zu dem Vorteig in die Rührschüssel geben. Die Zutaten mit einem Mixer (Knethaken) zunächst kurz auf niedrigster, dann auf höchster Stufe in etwa 5 Minuten zu einem glatten Teig verarbeiten. Rosinen, Korinthen und Mandeln kurz unterarbeiten. Den Teig zugedeckt so lange an einem warmen Ort gehen lassen, bis er sich sichtbar vergrößert hat (etwa 30 Minuten).

3 Den gegangenen Teig mit dem Mixer (Knethaken) auf höchster Stufe kurz durchkneten und in eine Napfkuchenform (Ø 24 cm, gefettet, bemehlt) füllen. Den Teig nochmals zugedeckt so lange an einem warmen Ort gehen lassen, bis er sich sichtbar vergrößert hat (etwa 30 Minuten).

4 In der Zwischenzeit den Backofen vorheizen.
Ober-/Unterhitze: etwa 180 °C
Heißluft: etwa 160 °C

5 Die Form auf dem Rost in den vorgeheizten Backofen schieben. Gugelhupf **55–60 Minuten backen.**

6 Die Form auf einen Kuchenrost stellen. Den Gugelhupf etwa 10 Minuten in der Form stehen lassen, dann aus der Form lösen und auf den mit Backpapier belegten Kuchenrost stürzen. Gugelhupf erkalten lassen und mit Puderzucker bestäuben.

Tipp: Statt mit Mandeln, Rosinen und Korinthen können Sie den Gugelhupf auch mit 100 g bunten Belegkirschen, 200 g getrockneten Aprikosen (beides grob gewürfelt) und 50 g gehackten Pistazienkernen zubereiten.

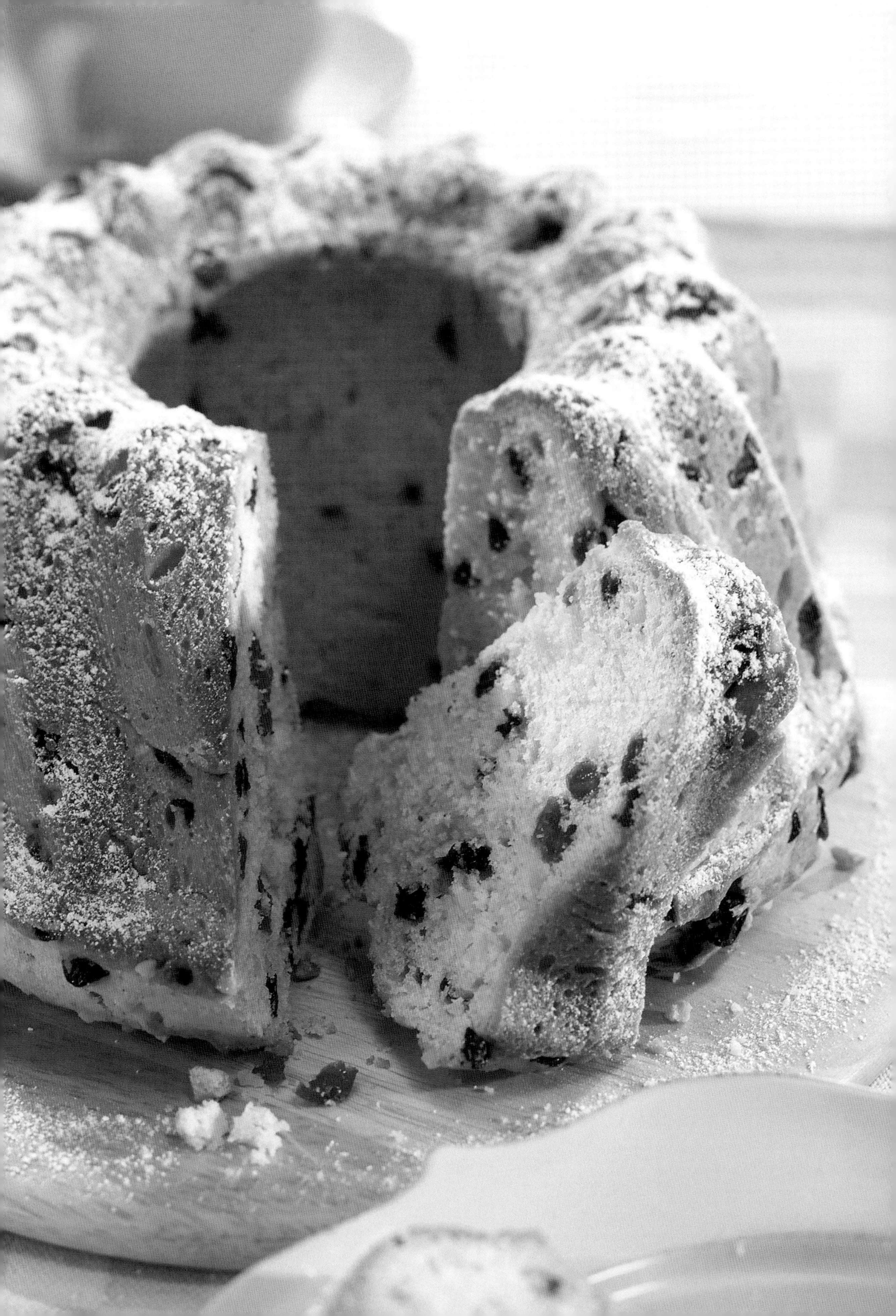

Getränkter Limetten-Kokos-Kuchen

20 Stücke
Gut vorzubereiten

Für den Schüttelteig:
150 g Butter oder Margarine
250 g Weizenmehl
2 gestr. TL Dr. Oetker Backin
170 g Zucker
abgeriebene Schale von
1 Bio-Limette
3 Eier (Größe M)
150 g Joghurt
100 g Kokosraspel

Für den Sirup:
100 ml Limettensaft
170 g Zucker
50 ml Wasser

Pro Stück:
E: 3 g, F: 11 g, Kh: 27 g,
kJ: 932, kcal: 223

Zubereitungszeit: 35 Minuten,
ohne Abkühlzeit
Backzeit: etwa 45 Minuten

1 Den Backofen vorheizen.
Ober-/Unterhitze: etwa 180 °C
Heißluft: etwa 160 °C

2 Für den Teig Butter oder Margarine zerlassen und abkühlen lassen. Das Mehl mit Backpulver mischen und in eine verschließbare Schüssel (etwa 3-Liter-Inhalt) geben. Mit Zucker und Limettenschale mischen. Eier, Butter oder Margarine und Joghurt hinzufügen. Die Schüssel mit dem Deckel fest verschließen.

3 Die Schüssel mehrmals (insgesamt 15–30 Sekunden) kräftig schütteln, sodass alle Zutaten gut vermischt sind. Kokosraspel hinzufügen. Die Zutaten mit einem Schneebesen oder Rührlöffel nochmals sorgfältig verrühren, damit trockene Zutaten vom Rand mit untergerührt werden.

4 Den Teig in eine Gugelhupfform (Ø 22 cm, gefettet, bemehlt) füllen und glatt streichen. Die Form auf dem Rost in den vorgeheizten Backofen schieben. Den Kuchen **etwa 45 Minuten backen.**

5 Für den Sirup Limettensaft mit Zucker und Wasser in einen Topf geben. Den Zucker bei mittlerer Hitze unter Rühren darin auflösen. Sirup etwa 2 Minuten ohne Deckel gut kochen lassen, dabei nicht umrühren.

6 Die Form auf einen Kuchenrost stellen. Den Kuchen etwa 10 Minuten in der Form stehen lassen, dann auf den mit Backpapier belegten Kuchenrost stürzen. Die Kuchenoberfläche mit einem Holzstäbchen mehrmals einstechen. Den Kuchen mit dem Rost auf ein Backblech stellen und mit dem heißen Sirup beträufeln. Abgetropften Sirup wieder über den Kuchen träufeln, bis der ganze Sirup von dem Kuchen aufgesogen ist. Kuchen erkalten lassen.

Tipp: Den Kuchen nach Belieben mit Kokosraspeln bestreuen und mit Bio-Limettenscheiben garnieren.

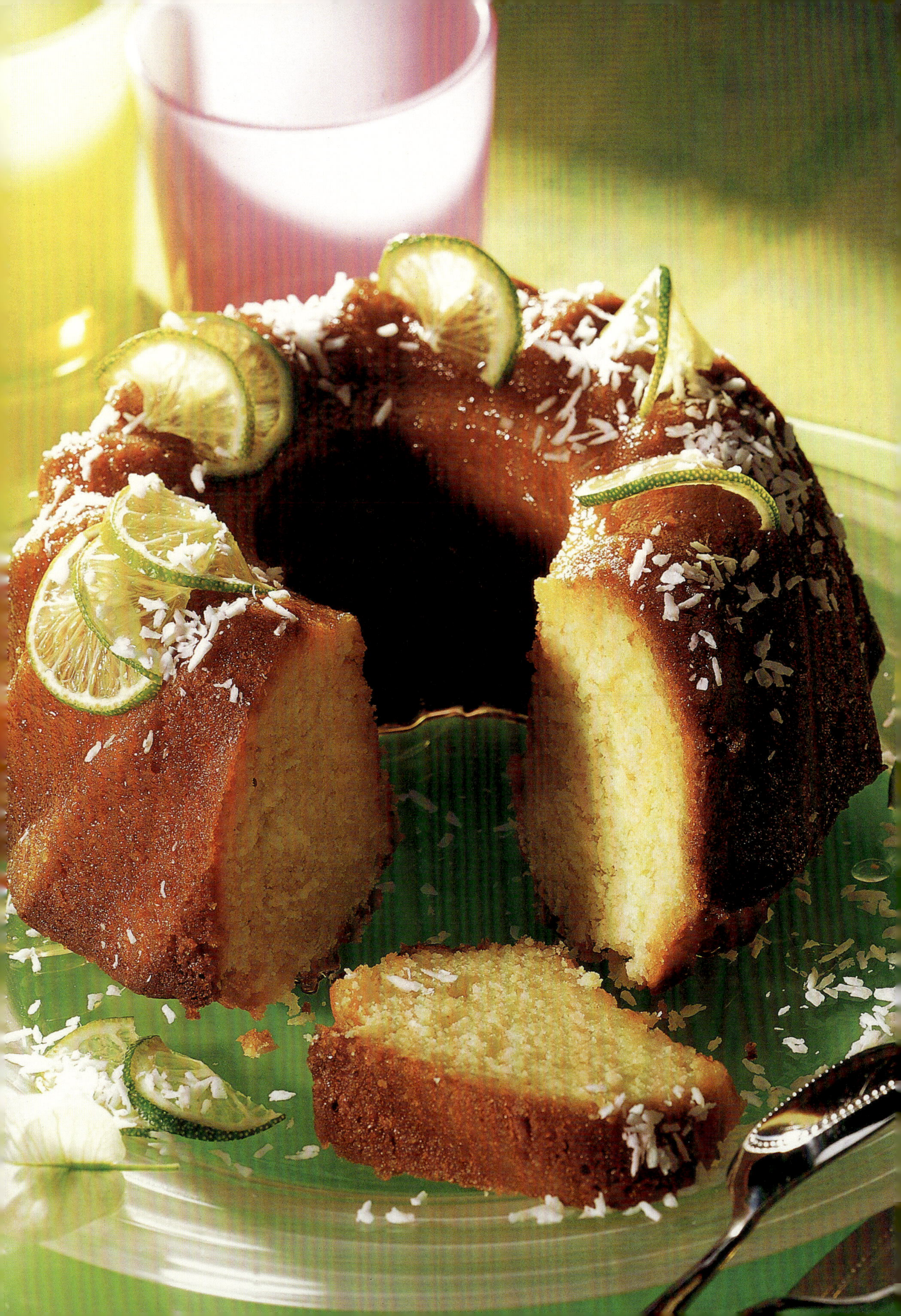

Kartoffel-Aprikosen-Hupf

20 Stücke
Gut vorzubereiten

Zum Vorbereiten:
50 g getrocknete Aprikosen
3 EL Aprikosenlikör
250 g Pellkartoffeln

Für den Biskuitteig:
5 Eier (Größe M)
125 g Zucker
1 Pck. Dr. Oetker Vanillin-Zucker
1 Fläschchen Butter-Vanille-Aroma
1/2 Fläschchen Rum-Aroma
1 TL Dr. Oetker Finesse Geriebene Zitronenschale
100 g Weizenmehl
1 Msp. Dr. Oetker Backin
75 g gemahlene Haselnusskerne
50 g Weizengrieß

Für die Form:
gemahlene Haselnusskerne

Zum Bestäuben:
Puderzucker

Pro Stück:
E: 4 g, F: 4 g, Kh: 17 g,
kJ: 549, kcal: 131

Zubereitungszeit: 35 Minuten, ohne Durchzieh- und Abkühlzeit
Backzeit: etwa 60 Minuten

1 Zum Vorbereiten Aprikosen fein würfeln, mit Likör tränken und eine Zeit lang zugedeckt durchziehen lassen. Pellkartoffeln pellen und durch eine Kartoffelpresse drücken.

2 Den Backofen vorheizen.
Ober-/Unterhitze: etwa 180 °C
Heißluft: etwa 160 °C

3 Für den Teig Eier in einer Rührschüssel mit einem Mixer (Rührstäbe) auf höchster Stufe in 1 Minute schaumig schlagen. Zucker und Vanillin-Zucker mischen, in 1 Minute unter Rühren einstreuen und noch 2 Minuten weiterschlagen. Aromen und Zitronenschale kurz unterrühren.

4 Mehl mit Backpulver mischen, auf die Eiercreme geben und kurz auf niedrigster Stufe unterrühren. Haselnusskerne mit Grieß, Aprikosenwürfeln und Kartoffeln mischen und auf niedrigster Stufe vorsichtig kurz unterrühren.

5 Den Teig in eine Napfkuchenform (Ø 22 cm, gefettet, mit Haselnusskernen ausgestreut) füllen und verstreichen. Die Form auf dem Rost in den vorgeheizten Backofen schieben. Den Kuchen **etwa 60 Minuten backen.**

6 Die Form auf einen Kuchenrost stellen. Den Kuchen etwa 10 Minuten in der Form stehen lassen, dann aus der Form lösen und auf den mit Backpapier belegten Kuchenrost stürzen. Kuchen erkalten lassen und vor dem Servieren mit Puderzucker bestäuben.

Tipp: Die Haselnusskerne können Sie durch gemahlene Mandeln ersetzen. Rösten Sie die Nusskerne in einer Pfanne ohne Fett hellbraun an, dadurch schmecken sie intensiver.

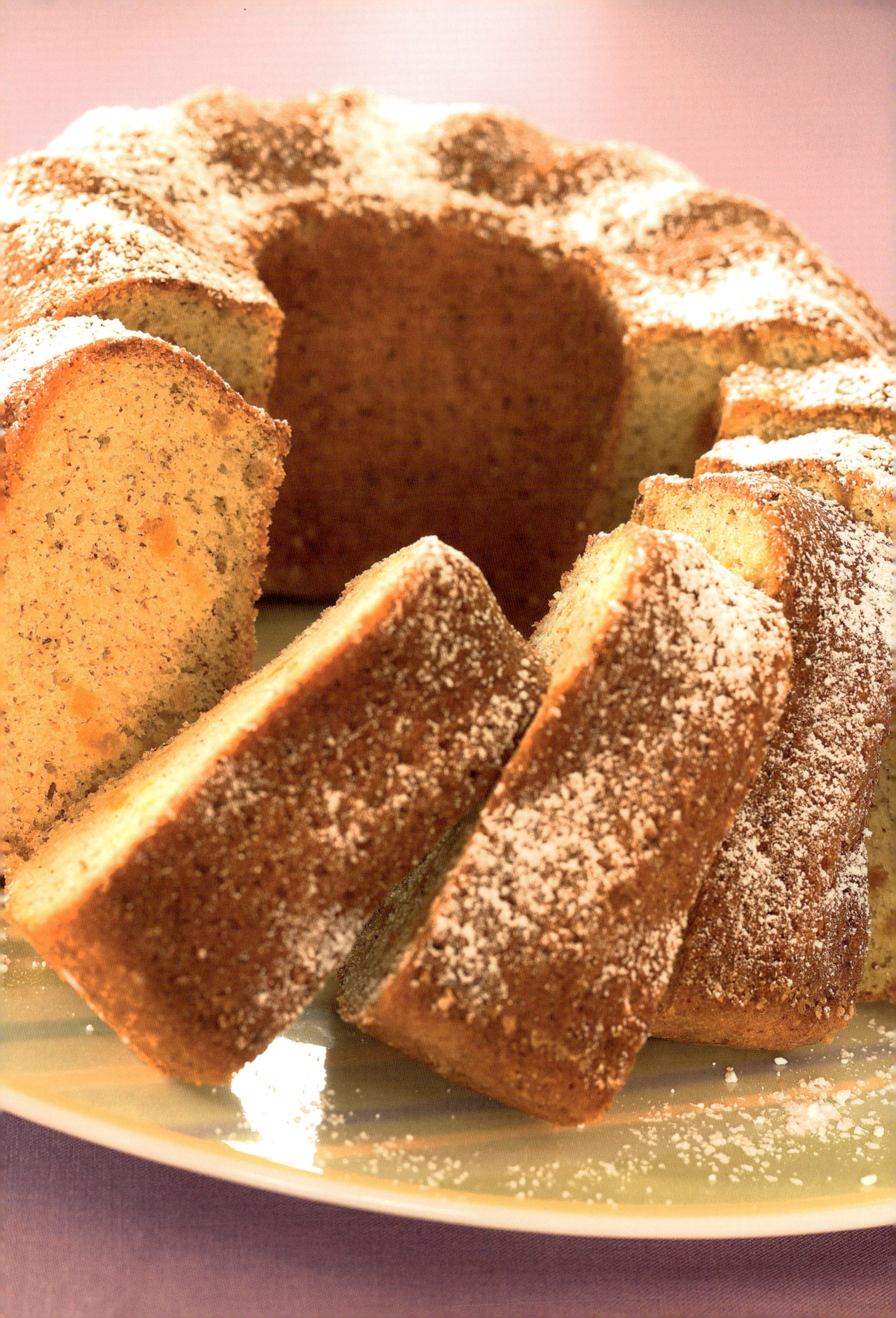

Mokka-Makronen-Kuchen

20 Stücke
Für Gäste

Zum Vorbereiten:
125 ml Milch
50 g Vollmilch-Schokolade mit Mokka-Sahne-Cremefüllung
1 EL gesiebtes Kakaopulver

Für den Rührteig:
250 g weiche Butter oder Margarine
180 g Zucker
3 Eier (Größe M)
1 Eigelb (Größe M)
250 g Weizenmehl
3 gestr. TL Dr. Oetker Backin

Für die Makronenmasse:
1 Eiweiß (Größe M)
2 EL Zucker
50 g fein gemahlene Macadamianusskerne

Für den Guss und zum Verzieren:
150 g Vollmilch-Schokolade mit Mokka-Sahne-Cremefüllung

Zum Garnieren:
einige Macadamianusskerne

Pro Stück:
E: 4 g, F: 18 g, Kh: 26 g,
kJ: 1197, kcal: 286

Zubereitungszeit: 40 Minuten, ohne Abkühlzeit
Backzeit: etwa 60 Minuten

1 Zum Vorbereiten Milch in einem kleinen Topf aufkochen lassen. Den Topf von der Kochstelle nehmen. Schokolade in Stücke brechen und unter Rühren in der heißen Milch schmelzen lassen. Kakao unterrühren. Die Schokoladenmilch unter häufigem Rühren erkalten lassen.

2 Den Backofen vorheizen.
Ober-/Unterhitze: etwa 180 °C
Heißluft: etwa 160 °C

3 Für den Teig Butter oder Margarine mit einem Mixer (Rührstäbe) auf höchster Stufe geschmeidig rühren. Nach und nach Zucker unterrühren. So lange rühren, bis eine gebundene Masse entstanden ist. Jedes Ei/Eigelb etwa 1/2 Minute unterrühren.

4 Mehl mit Backpulver mischen und in 2 Portionen abwechselnd mit der Schokoladenmilch auf mittlerer Stufe unterrühren. Den Teig in eine Napfkuchenform (Ø 22 cm, gefettet, bemehlt) geben und glatt streichen.

5 Für die Makronenmasse Eiweiß mit dem Mixer (Rührstäbe) auf höchster Stufe steif schlagen. Der Schnee muss so fest sein, dass ein Messerschnitt sichtbar bleibt. Zucker nach und nach kurz unterschlagen. Gemahlene Nusskerne vorsichtig unterheben. Die Makronenmasse auf dem Teig verteilen und mit einer Gabel spiralförmig durch die Teigschichten ziehen.

6 Die Form auf dem Rost in den vorgeheizten Backofen schieben. Kuchen **etwa 60 Minuten backen.**

7 Die Form auf einen Kuchenrost stellen. Den Kuchen etwa 10 Minuten in der Form stehen lassen, dann aus der Form lösen und auf den Kuchenrost stürzen. Den Kuchen erkalten lassen.

8 Für den Guss und zum Verzieren Schokolade in kleine Stücke brechen, in einem kleinen Topf im heißen Wasserbad bei schwacher Hitze unter Rühren schmelzen. Etwas von der geschmolzenen Schokolade in ein Pergamentpapiertütchen füllen und eine kleine Spitze abschneiden.

9 Den Kuchen mit der restlichen Schokolade überziehen. Nusskerne in den feuchten Guss drücken. Den Kuchen mit der Schokolade aus dem Pergamentpapiertütchen verzieren. Guss fest werden lassen.

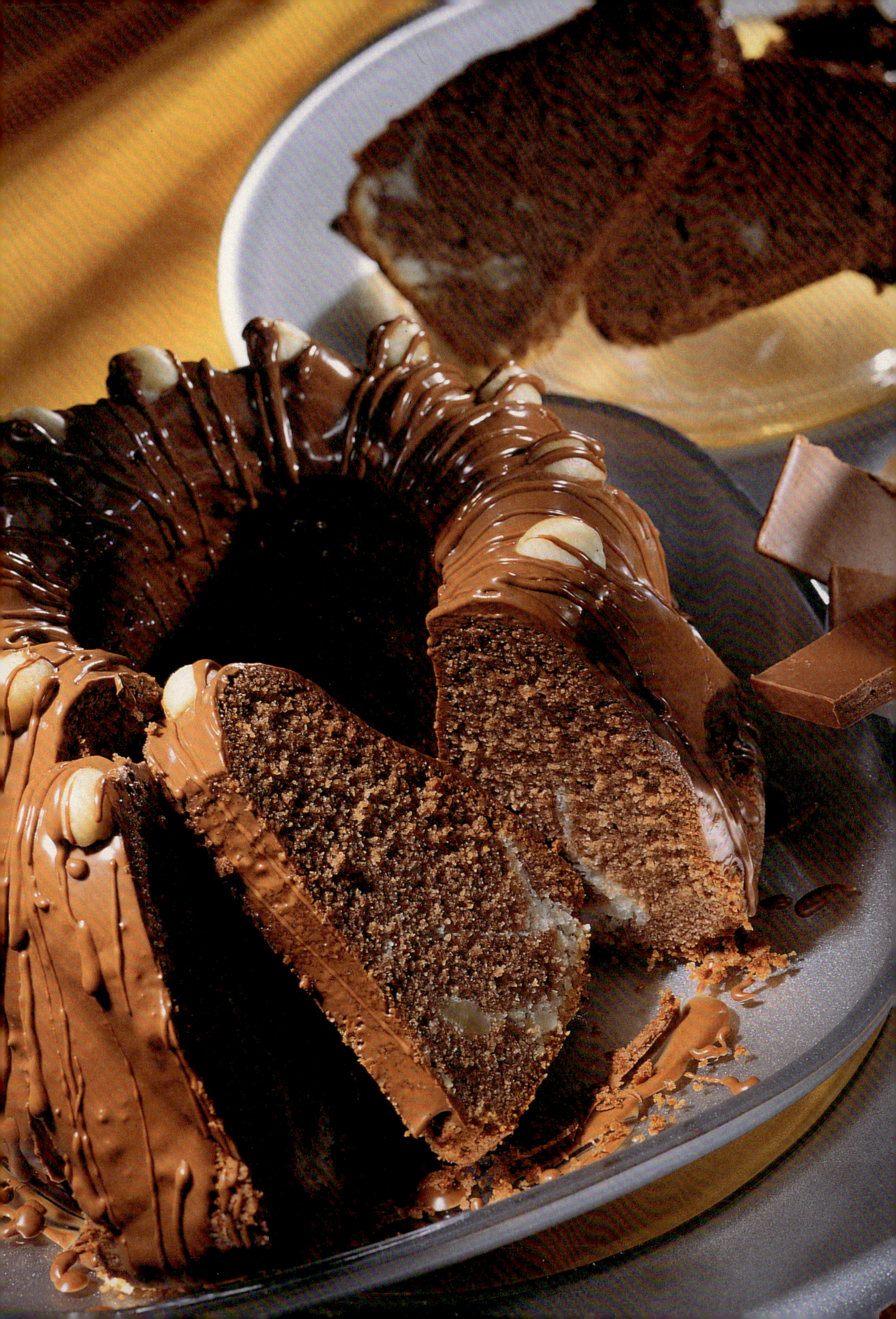

Schwarz-weißer Gugelhupf

20 Stücke
Raffiniert

Für den Rührteig:
250 g weiche Butter
oder Margarine
250 g Zucker
1 Pck. Dr. Oetker Vanillin-Zucker
1 Prise Salz
5 Eier (Größe M)
350 g Weizenmehl
4 gestr. TL Dr. Oetker Backin
100 g abgezogene,
gemahlene Mandeln
150 g Vanillepudding
(aus dem Kühlregal)
2 gestr. EL Kakaopulver
1 Pck. Dr. Oetker Finesse
Bourbon-Vanille-Aroma
150 g Schokoladenpudding
(aus dem Kühlregal)

Für den Guss:
75 g Zartbitter-Schokolade
(etwa 50 % Kakaoanteil)
75 g weiße Schokolade
2 TL Speiseöl

Pro Stück:
E: 6 g, F: 19 g, Kh: 32 g,
kJ: 1357, kcal: 324

Zubereitungszeit: 50 Minuten,
ohne Abkühlzeit
Backzeit: etwa 65 Minuten

1 Für den Teig Butter oder Margarine mit einem Mixer (Rührstäbe) auf höchster Stufe geschmeidig rühren. Nach und nach Zucker, Vanillin-Zucker und Salz unterrühren. So lange rühren, bis eine gebundene Masse entstanden ist. Jedes Ei etwa 1/2 Minute unterrühren.

2 Mehl mit Backpulver mischen und in 2 Portionen auf mittlerer Stufe unterrühren.

3 Den Backofen vorheizen.
Ober-/Unterhitze: etwa 180 °C
Heißluft: etwa 160 °C

4 Die Hälfte des Teiges in eine zweite Schüssel geben. Unter eine Teighälfte 75 g gemahlene Mandeln und den Vanillepudding rühren. Unter die andere Hälfte des Teiges gesiebten Kakao, die restlichen Mandeln, das Aroma und den Schokoladenpudding rühren. Den hellen und dunklen Teig mit 2 Esslöffeln so in eine Gugelhupfform (Ø 22 cm, gefettet, bemehlt) einfüllen, dass jeweils ein heller und dunkler Teigring eine Schicht bilden. Bei der nächsten Schicht den dunklen Teig auf dem hellen Teig verteilen und umgekehrt; insgesamt 3 Teigschichten einfüllen.

5 Den Teig vorsichtig verstreichen und die Form auf der Arbeitsfläche leicht aufklopfen, sodass sich die Teigschichten verbinden. Die Form auf dem Rost in den vorgeheizten Backofen schieben. Den Kuchen **etwa 65 Minuten backen.**

6 Den Kuchen etwa 10 Minuten in der Form stehen lassen, dann auf einen mit Backpapier belegten Kuchenrost stürzen und erkalten lassen.

7 Für den Guss von beiden Schokoladensorten mit einem Sparschäler etwas Schokospäne abhobeln und beiseitelegen. Restliche Schokoladen grob zerkleinern, getrennt mit jeweils 1 Teelöffel Öl in einem Topf im Wasserbad bei schwacher Hitze schmelzen und etwas abkühlen lassen. Geschmolzene Schokoladen mit einem Teelöffel in Streifen auf den Kuchen geben, auf den dunklen Guss die weiße Schokospäne streuen und auf den weißen Guss die dunkle Späne streuen.

Tipp: Der Kuchen eignet sich gut zum Einfrieren.

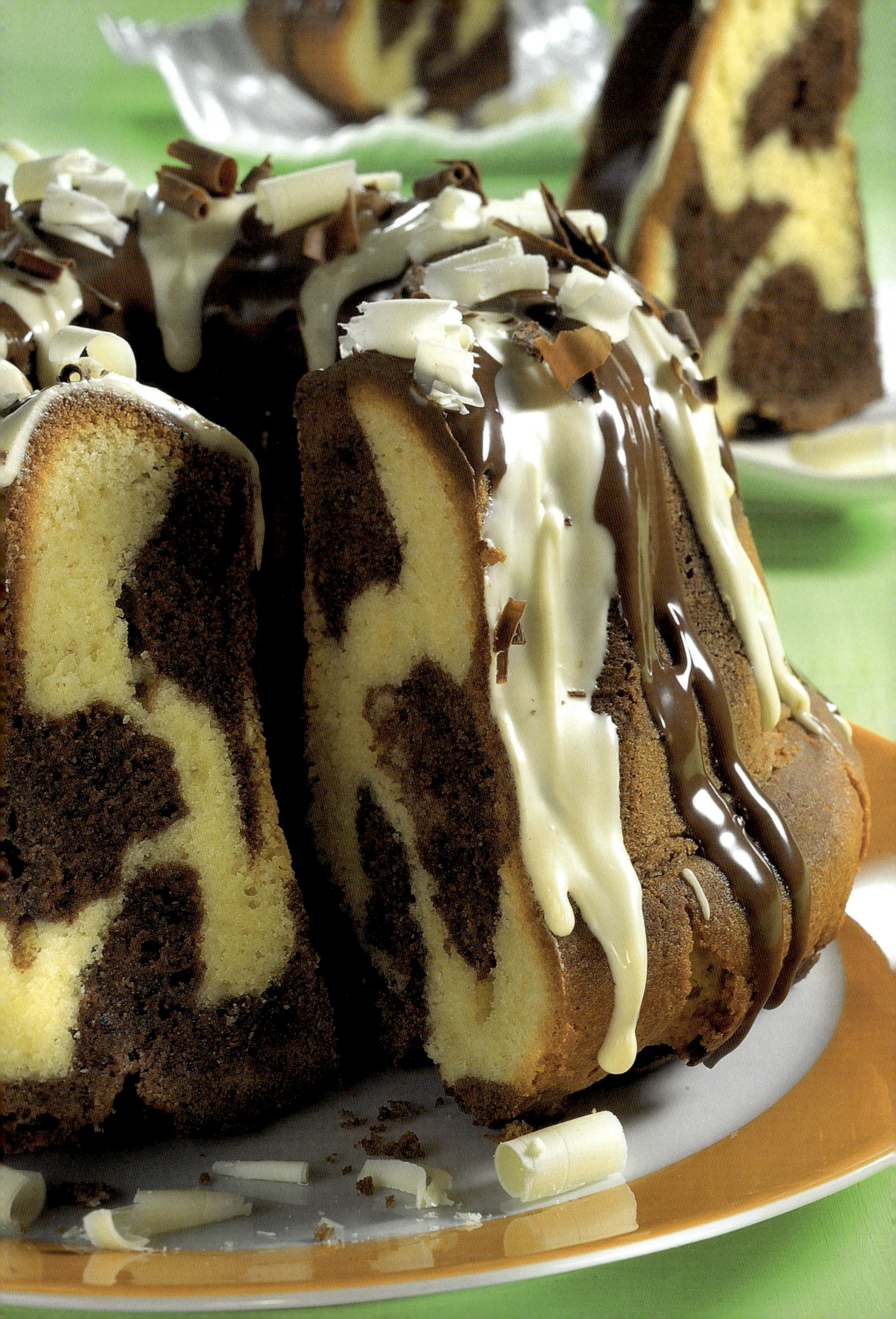

Heidesand-Gugelhupf

20 Stücke
Gut vorzubereiten – klassisch

Zum Vorbereiten:
250 g Butter
250 g Cranberrys
100 g Zucker
50 ml Wasser
30 g kernige Haferflocken

Für den All-in-Teig:
250 g Weizenmehl
50 g Speisestärke
3 gestr. TL Dr. Oetker Backin
1/2 TL gemahlener Zimt
150 g Zucker
1 Pck. Dr. Oetker Vanillin-Zucker
1 Prise Salz
4 Eier (Größe M)

Für den Guss:
100 g helle Kuchenglasur
(Vanille oder Zitrone)
50 g Puderzucker
etwa 1 EL Cranberrysaft
(von den Cranberrys)

Pro Stück:
E: 3 g, F: 14 g, Kh: 28 g,
kJ: 1041, kcal: 249

Zubereitungszeit: 35 Minuten,
ohne Abkühlzeit
Backzeit: 50–60 Minuten

1 Zum Vorbereiten Butter in einem Topf bei mittlerer Hitze zerlassen und hellbraun werden lassen. Die Butter so lange abkühlen lassen, bis eine cremige Konsistenz entstanden ist.

2 Cranberrys abspülen und gut abtropfen lassen. Zucker mit Wasser in einem Topf zum Kochen bringen. Cranberrys hinzufügen, wieder zum Kochen bringen und bei mittlerer Hitze etwa 1 Minute kochen lassen. Den Topf von der Kochstelle nehmen, Cranberrys erkalten lassen.

3 Cranberrys in einem Sieb abtropfen lassen, dabei den Saft auffangen. Cranberrys mit den Haferflocken verrühren.

4 Den Backofen vorheizen.
Ober-/Unterhitze: etwa 180 °C
Heißluft: etwa 160 °C

5 Für den Teig Mehl mit Speisestärke, Backpulver und Zimt in einer Rührschüssel mischen. Zucker, Vanillin-Zucker, Salz, Eier und die gebräunte Butter hinzufügen. Die Zutaten mit einem Mixer (Rührstäbe) zunächst kurz auf niedrigster, dann auf höchster Stufe in etwa 2 Minuten zu einem glatten Teig verarbeiten.

6 Den Teig dritteln. Ein Drittel des Teiges in eine Gugelhupfform (Ø 22 cm, gefettet) geben und glatt streichen. Die Hälfte der Cranberrymasse in Form eines Ringes in die Mitte des Teiges geben. Zweites Teigdrittel daraufgeben und glatt streichen. Restliche Cranberrymasse wieder in Form eines Ringes in die Mitte des Teiges geben. Restlichen Teig darauf verteilen. Die Form auf dem Rost in den vorgeheizten Backofen schieben und **50–60 Minuten backen.**

7 Die Form auf einen Kuchenrost stellen. Den Gugelhupf etwa 10 Minuten in der Form stehen lassen, dann aus der Form lösen und auf einen mit Backpapier belegten Kuchenrost stürzen. Gugelhupf erkalten lassen.

8 Für den Guss Kuchenglasur nach Packungsanleitung schmelzen. Den Gugelhupf damit begießen, sodass der Guss in „Nasen" herunterläuft. Puderzucker mit dem Saft zu einer dickflüssigen Masse verrühren und in einen kleinen Gefrierbeutel geben. Beutel verschließen und eine kleine Ecke abschneiden. Den Gugelhupf mit dem Guss verzieren. Guss trocknen lassen.

Tipp: Es können auch 125 g getrocknete Cranberrys verwendet werden.

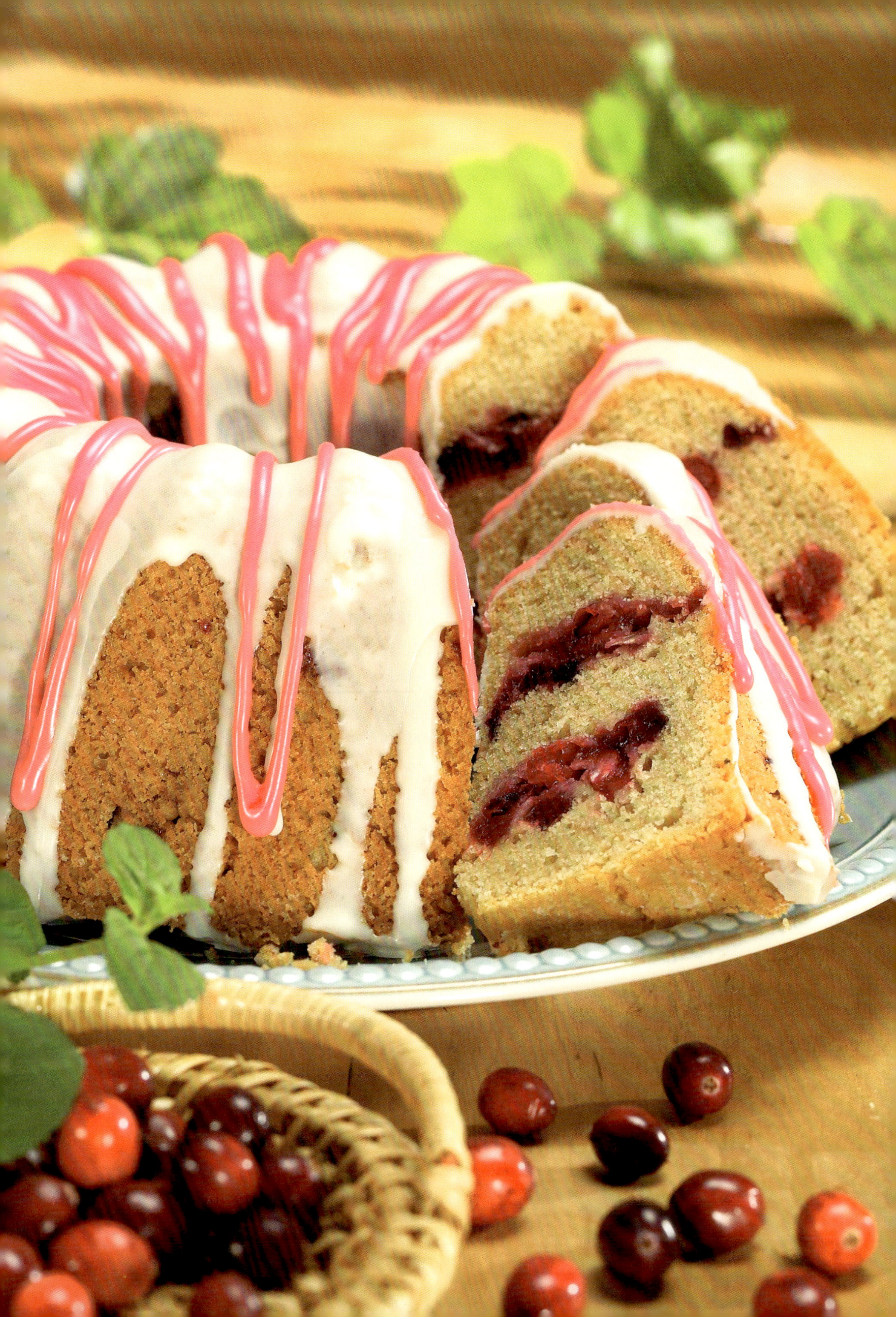

Herbstkuchen mit Weinbeeren

20 Stücke
Klassisch

Für den Schüttelteig:
250 g Butter
370 g Weizenmehl
4 TL Dr. Oetker Backin
120 g Zucker
1 Pck. Dr. Oetker Finesse Geriebene Zitronenschale
5 Eier (Größe M)
2 EL flüssiger Honig
150 ml heller Traubensaft
200 g getrocknete Weinbeeren (Reformhaus)

Für den Belag:
weiße und dunkle Schoko-Dekorblätter

Pro Stück:
E: 4 g, F: 13 g, Kh: 31 g,
kJ: 1085, kcal: 259

Zubereitungszeit: 15 Minuten, ohne Abkühlzeit
Backzeit: 50–60 Minuten

1 Butter in einem Topf zerlassen und abkühlen lassen.

2 Den Backofen vorheizen.
Ober-/Unterhitze: etwa 180 °C
Heißluft: etwa 160 °C

3 Mehl mit Backpulver in einer verschließbaren Schüssel (etwa 3 l) mischen und mit Zucker und Zitronenschale vermischen. Eier, Honig, Traubensaft und Weinbeeren hinzufügen und die Schüssel mit dem Deckel fest verschließen.

4 Die Schüssel mehrmals (insgesamt 15–30 Sekunden) kräftig schütteln, sodass alle Zutaten gut vermischt sind. Alles mit einem Schneebesen oder Rührlöffel nochmals gut durchrühren, damit trockene Zutaten vom Rand mit untergerührt werden.

5 Den Teig in eine Napfkuchenform (Ø 24 cm, gefettet, bemehlt) füllen und verstreichen. Die Form auf dem Rost in den vorgeheizten Backofen schieben. Den Kuchen **50–60 Minuten backen.**

6 Die Form auf einen Kuchenrost stellen. Den Kuchen etwa 10 Minuten in der Form stehen lassen, dann aus der Form lösen und auf den mit Backpapier belegten Kuchenrost stürzen. Nochmals etwa 5 Minuten warten, dann weiße und dunkle Schokoblätter überlappend auf den warmen Kuchen legen. Die Blätter werden durch die Wärme von unten weich und haften nach dem Erkalten fest am Kuchen.

Tipp: Ersetzen Sie die Weinbeeren durch getrocknete Cranberrys oder Kirschen.

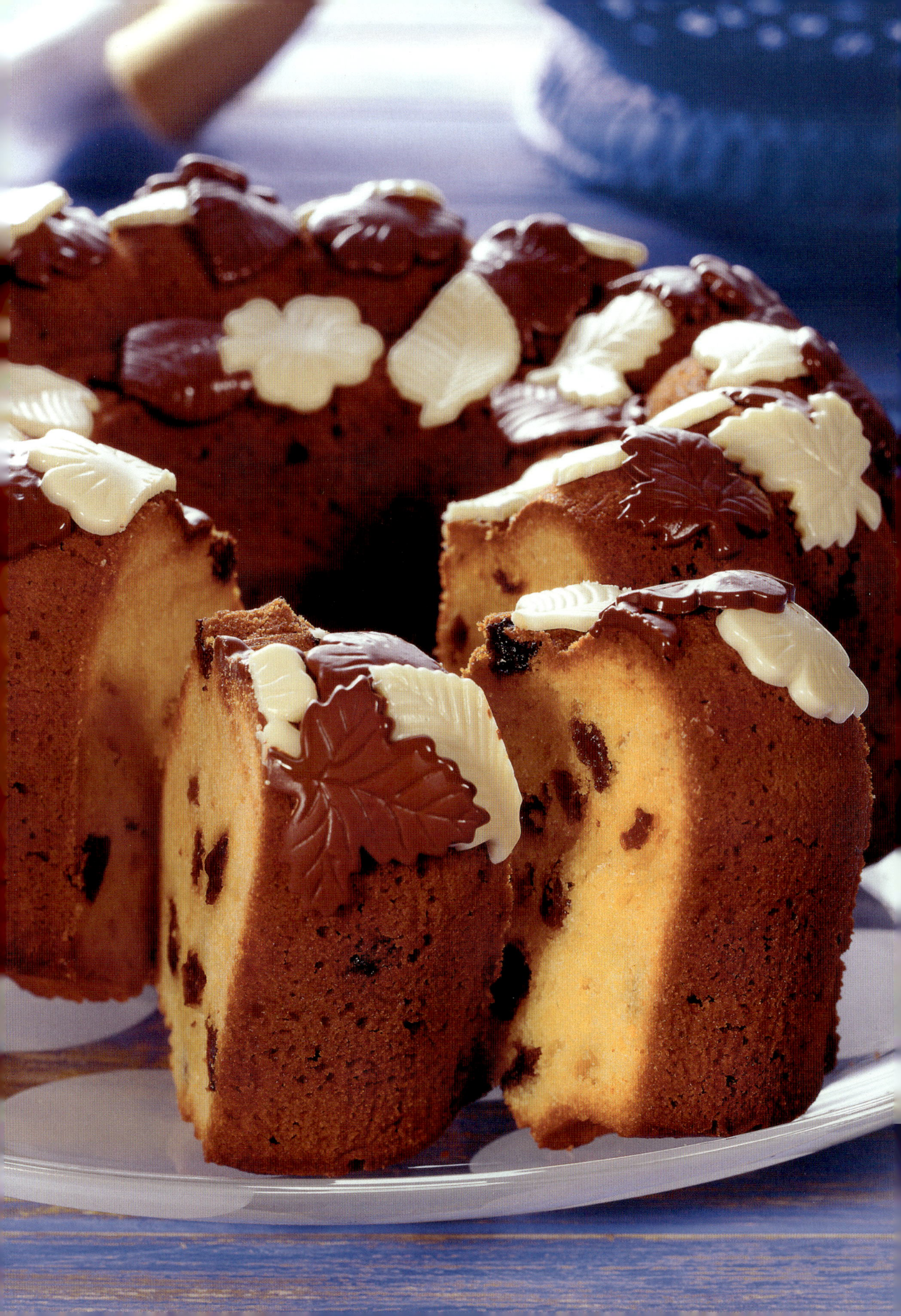

Durstige Liese

20 Stücke
Gefriergeeignet

Für den Rührteig:
200 g weiche Butter
oder Margarine
200 g Zucker
1 Pck. Dr. Oetker Vanillin-Zucker
4 Eier (Größe M)
200 g Weizenmehl
50 g Speisestärke
2 gestr. TL Dr. Oetker Backin
1 Pck. Dr. Oetker Finesse
Geriebene Zitronenschale

150 ml Orangensaft
50 ml Zitronensaft
evtl. 1 EL Zucker

Pro Stück:
E: 2 g, F: 10 g, Kh: 21 g,
kJ: 765, kcal: 183

Zubereitungszeit: 15 Minuten,
ohne Abkühlzeit
Backzeit: etwa 45 Minuten

1 Den Backofen vorheizen.
Ober-/Unterhitze: etwa 180 °C
Heißluft: etwa 160 °C

2 Für den Teig Butter oder Margarine mit einem Mixer (Rührstäbe) auf höchster Stufe geschmeidig rühren. Nach und nach Zucker und Vanillin-Zucker unterrühren. So lange rühren, bis eine gebundene Masse entstanden ist. Jedes Ei etwa $1/2$ Minute unterrühren.

3 Mehl mit Speisestärke, Backpulver und Zitronenschale mischen und auf mittlerer Stufe unter den Teig rühren. Den Teig in eine Gugelhupfform (Ø 22–24 cm, gefettet) füllen. Die Form auf dem Rost im unteren Drittel in den vorgeheizten Backofen schieben. Den Kuchen **etwa 45 Minuten backen.**

4 Die Form auf einen Kuchenrost stellen. Den Kuchen etwa 10 Minuten in der Form stehen lassen, dann aus der Form lösen und auf einen mit Backpapier belegten Kuchenrost stürzen.

5 Den Kuchen mit einem Holzstäbchen mehrmals einstechen und mit Orangen- und Zitronensaft (evtl. mit Zucker verrührt) beträufeln.

Tipp: Der Kuchen kann bereits am Vortag zubereitet werden. Der Teig kann auch als Blechkuchen gebacken werden. Dazu den Teig auf ein Backblech (30 x 40 cm, gefettet) streichen und etwa 30 Minuten bei gleicher Backofentemperatur backen.

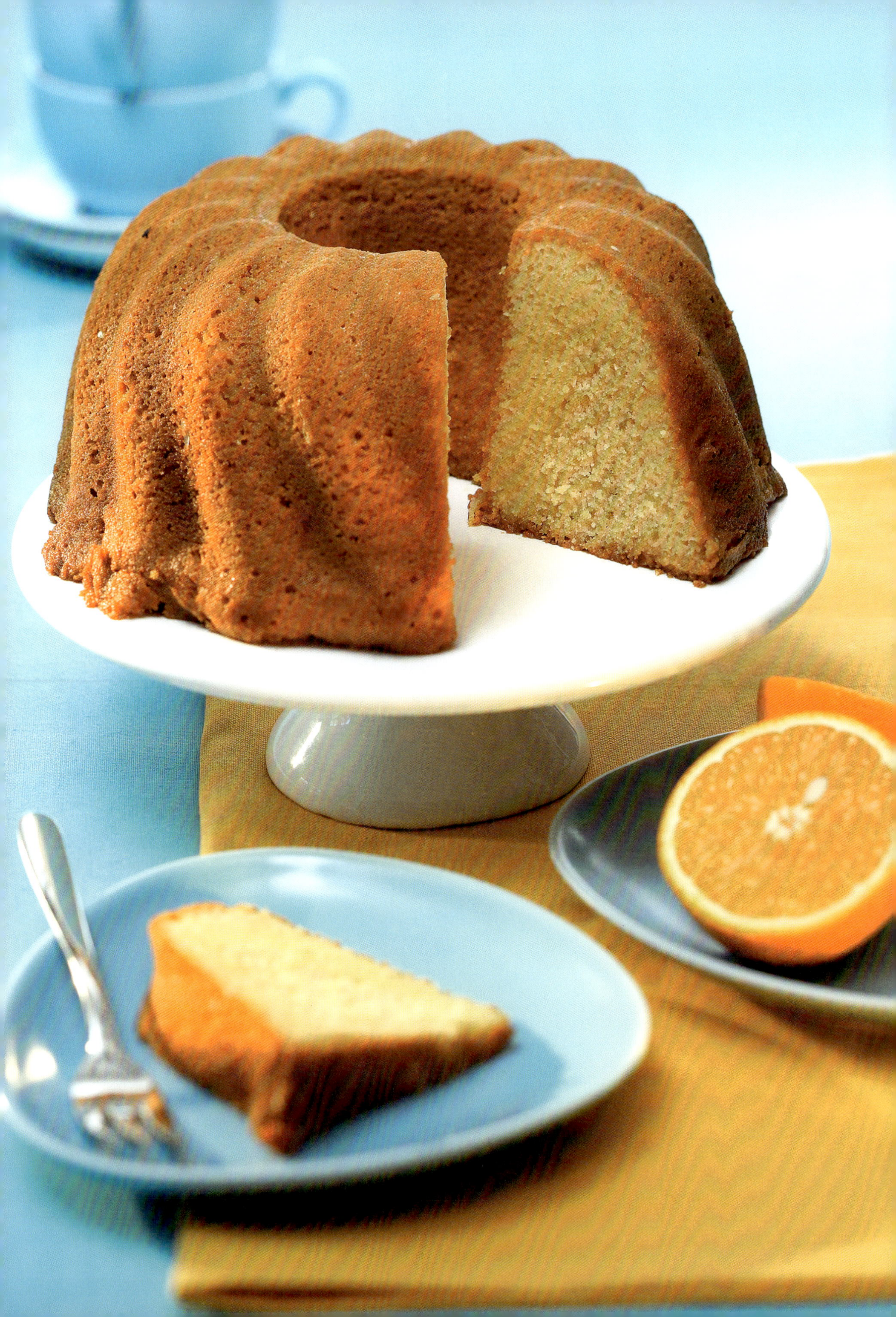

Feiner Schokoladen-Gugelhupf

20 Stücke
Beliebt – gefriergeeignet

Für den Rührteig:
150 g Zartbitter-Schokolade
(etwa 50 % Kakaoanteil)
4 Eiweiß (Größe M)
75 g Zucker
150 g weiche Butter
oder Margarine
75 g Zucker
1 Pck. Dr. Oetker Vanillin-Zucker
1 Prise Salz
2 Eier (Größe M)
4 Eigelb (Größe M)
150 g Weizenmehl
1 gestr. TL Dr. Oetker Backin
10 g gesiebtes Kakaopulver

Für die Form:
Semmelbrösel

Zum Bestäuben:
1 EL Puderzucker

Pro Stück:
E: 4 g, F: 11 g, Kh: 17 g,
kJ: 777, kcal: 186

Zubereitungszeit: 30 Minuten, ohne Abkühlzeit
Backzeit: etwa 45 Minuten

1 Für den Teig Schokolade in Stücke brechen. Zwei Drittel davon in einem kleinen Topf im Wasserbad bei schwacher Hitze unter Rühren schmelzen. Den Topf aus dem Wasserbad nehmen. Restliche Schokolade darin unter Rühren schmelzen, abkühlen lassen. Das Eiweiß mit Zucker so steif schlagen, dass ein Messerschnitt sichtbar bleibt.

2 Den Backofen vorheizen.
Ober-/Unterhitze: etwa 180 °C
Heißluft: etwa 160 °C

3 Butter oder Margarine mit einem Mixer (Rührstäbe) auf höchster Stufe geschmeidig rühren. Nach und nach Zucker, Vanillin-Zucker, Salz und flüssige Schokolade unterrühren. So lange rühren, bis eine gebundene Masse entstanden ist. Jedes Ei/Eigelb etwa $1/2$ Minute unterrühren.

4 Mehl mit Backpulver und Kakao mischen und kurz auf mittlerer Stufe unterrühren. Eischnee mit einem Teigschaber unterheben. Den Teig in eine Gugelhupfform (Ø 22–24 cm, gefettet, mit Semmelbröseln ausgestreut) füllen und glatt streichen. Die Form auf der unteren Schiene auf dem Rost in den vorgeheizten Backofen schieben. Den Gugelhupf **etwa 45 Minuten backen.**

5 Die Form auf einen Kuchenrost stellen. Den Kuchen etwa 10 Minuten in der Form stehen lassen, danach aus der Form lösen und auf einen mit Backpapier belegten Kuchenrost stürzen. Gugelhupf erkalten lassen.

6 Den Gugelhupf vor dem Servieren mit Puderzucker bestäuben.

Tipp: Der Kuchen kann bereits am Vortag gebacken werden.

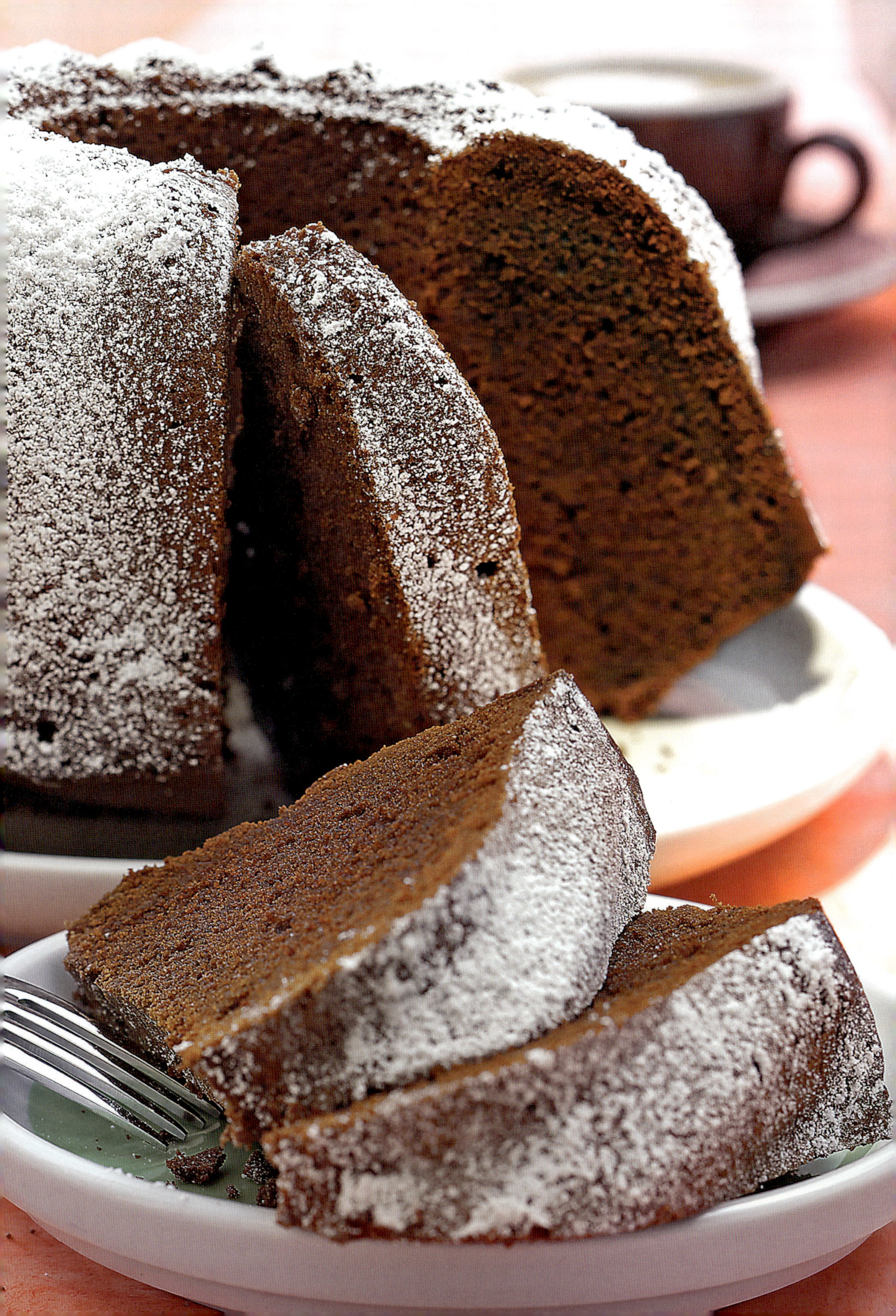

Espresso-Mohn-Kranz

20 Stücke
Fettarm

Für den Rührteig:
2 TL lösliches Espresso- oder Kaffee-Pulver
1 EL heißes Wasser
100 g weiche Butter oder Margarine
150 g Zucker
1 Prise Salz
3 Eier (Größe M)
200 g Magerquark
250 g backfertige Mohnfüllung
275 g Weizenmehl
1 Pck. Dr. Oetker Backin

Für den Guss:
100 g gesiebter Puderzucker
1–2 TL lösliches Espresso- oder Kaffee-Pulver (in 1 EL heißem Wasser aufgelöst)

Zum Bestreuen:
etwa 15 Espresso- oder Kaffeebohnen

Pro Stück:
E: 5 g, F: 7 g, Kh: 28 g,
kJ: 816, kcal: 195

Zubereitungszeit: 30 Minuten, ohne Abkühlzeit
Backzeit: etwa 45 Minuten

1 Den Backofen vorheizen.
Ober-/Unterhitze: etwa 180 °C
Heißluft: etwa 160 °C

2 Für den Teig Espresso- oder Kaffee-Pulver in dem Wasser unter Rühren auflösen. Butter oder Margarine in einer Rührschüssel mit einem Mixer (Rührstäbe) auf höchster Stufe geschmeidig rühren. Nach und nach Zucker und Salz unterrühren. So lange rühren, bis eine gebundene Masse entstanden ist. Jedes Ei etwa 1/2 Minute unterrühren.

3 Quark, Mohnfüllung und das aufgelöste Espresso- oder Kaffee-Pulver hinzugeben. Mehl mit Backpulver mischen und in 2 Portionen auf mittlerer Stufe unterrühren.

4 Den Teig in eine Napfkuchenform (Ø 22 cm, gefettet, bemehlt) geben und glatt streichen. Die Form auf dem Rost in den vorgeheizten Backofen schieben. Den Kuchen **etwa 45 Minuten backen.**

5 Die Form auf einen Kuchenrost stellen. Den Kuchen etwa 10 Minuten in der Form stehen lassen, dann aus der Form lösen und auf den mit Backpapier belegten Kuchenrost stürzen. Den Kuchen erkalten lassen.

6 Für den Guss Puderzucker und das aufgelöste Espresso- oder Kaffee-Pulver zu einer dickflüssigen Masse verrühren. Kuchen mit dem Guss überziehen. Espresso- oder Kaffeebohnen grob hacken und auf den feuchten Guss streuen. Guss fest werden lassen.

Tipp: Sie können den Kuchen auch mit einem Schokoladenguss überziehen. Dafür 100 g Schokolade in Stücke brechen, mit 1 Teelöffel Speiseöl in einem kleinen Topf im heißen Wasserbad bei schwacher Hitze unter Rühren schmelzen, den Kuchen damit überziehen und mit den gehackten Espressobohnen bestreuen. Guss fest werden lassen.

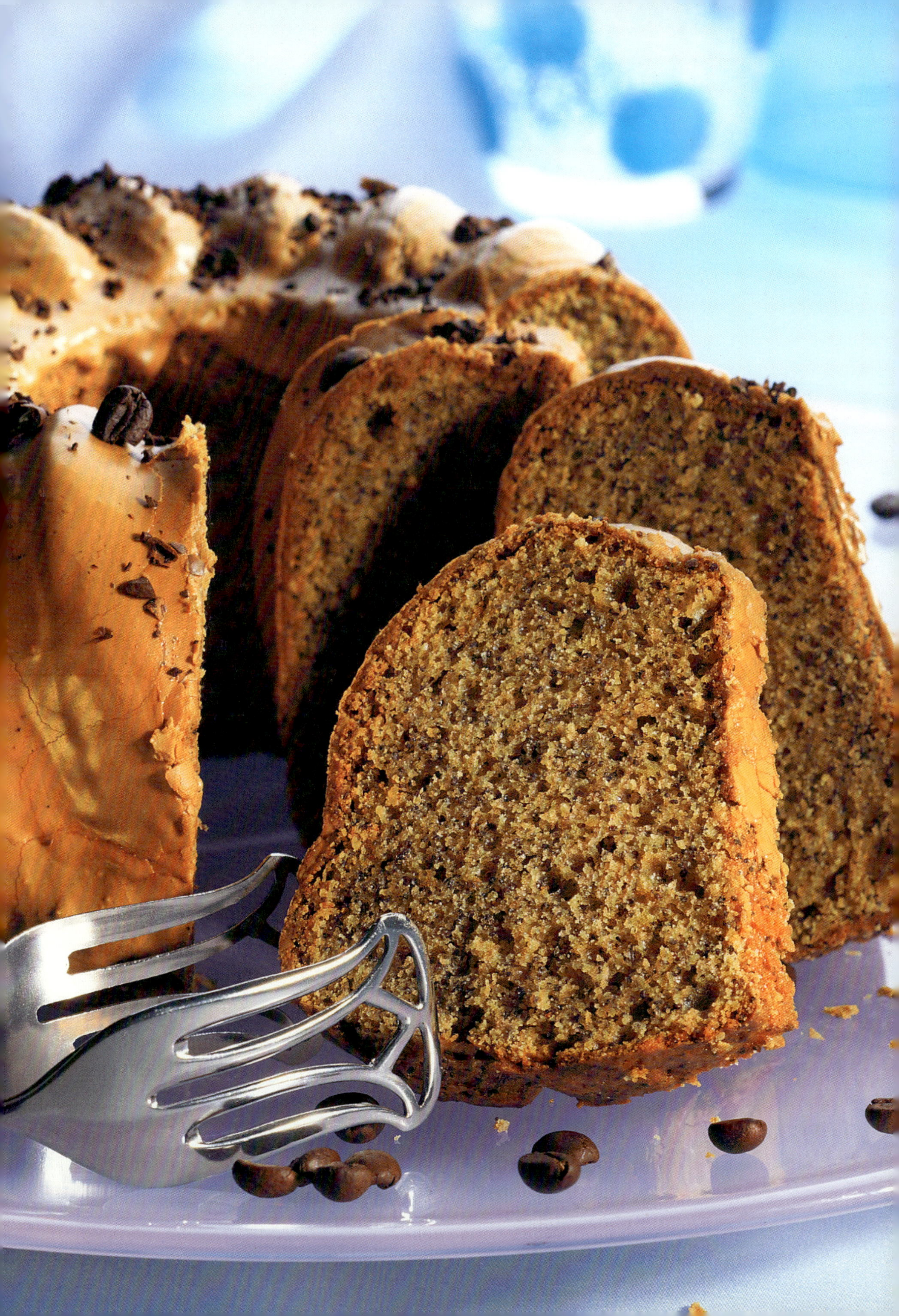

Italienischer Gugelhupf

14 Stücke
Raffiniert – mit Alkohol

Für den Biskuitteig:
50 g Zartbitter-Kuvertüre
30 g Butter
40 g Amaretti
(ital. Mandelmakronen)
3 Eiweiß (Größe M)
3 Eigelb (Größe M)
3 EL heißes Wasser
40 g Zucker
1 Pck. Dr. Oetker Vanillin-Zucker
1 Prise Salz
60 g Weizenmehl
25 g Speisestärke
1 Msp. Dr. Oetker Backin

Zum Tränken:
4 EL kalter Kaffee
1 EL Kaffeelikör

Für den Guss:
100 g weiße Kuvertüre

Pro Stück:
E: 3 g, F: 7 g, Kh: 17 g,
kJ: 614, kcal: 146

Zubereitungszeit: 35 Minuten,
ohne Abkühlzeit
Backzeit: etwa 45 Minuten

1 Für den Teig die Kuvertüre grob hacken, mit der Butter in einem kleinen Topf im heißen Wasserbad bei schwacher Hitze unter Rühren schmelzen. Amaretti in einen Gefrierbeutel geben. Den Beutel fest verschließen. Amaretti mit einer Teigrolle zerbröseln. Eiweiß steif schlagen und beiseitestellen.

2 Den Backofen vorheizen.
Ober-/Unterhitze: etwa 180 °C
Heißluft: etwa 160 °C

3 Eigelb und Wasser in einer Rührschüssel mit einem Mixer (Rührstäbe) auf höchster Stufe in etwa 1 Minute schaumig schlagen. Zucker mit Vanillin-Zucker und Salz mischen, in etwa 1 Minute unter Rühren einstreuen, dann noch etwa 2 Minuten schlagen.

4 Mehl mit Speisestärke und Backpulver mischen, auf die Eigelbcreme geben und kurz auf niedrigster Stufe unterrühren. Kuvertüre-Butter-Mischung kurz unterrühren. Zuletzt beiseitegestellten Eischnee und Amarettibrösel vorsichtig unterheben.

5 Den Teig in eine Gugelhupfform (Ø 16 cm, gefettet, bemehlt) füllen und glatt streichen. Die Form auf dem Rost in den vorgeheizten Backofen schieben. Den Gugelhupf **etwa 45 Minuten backen.**

6 Die Form auf einen Kuchenrost stellen. Den Gugelhupf etwa 5 Minuten in der Form stehen lassen, dann aus der Form lösen und auf den mit Backpapier belegten Kuchenrost stürzen. Gugelhupf erkalten lassen.

7 Kaffee mit Kaffeelikör verrühren und den Gugelhupf damit tränken.

8 Für den Guss Kuvertüre in einem kleinen Topf im heißen Wasserbad bei schwacher Hitze unter Rühren schmelzen. Den Guss auf den Gugelhupf geben und in „Nasen" herunterlaufen lassen.

Tipp: Nach Belieben noch einige grob zerkleinerte Amaretti auf die feuchte Kuvertüre streuen.

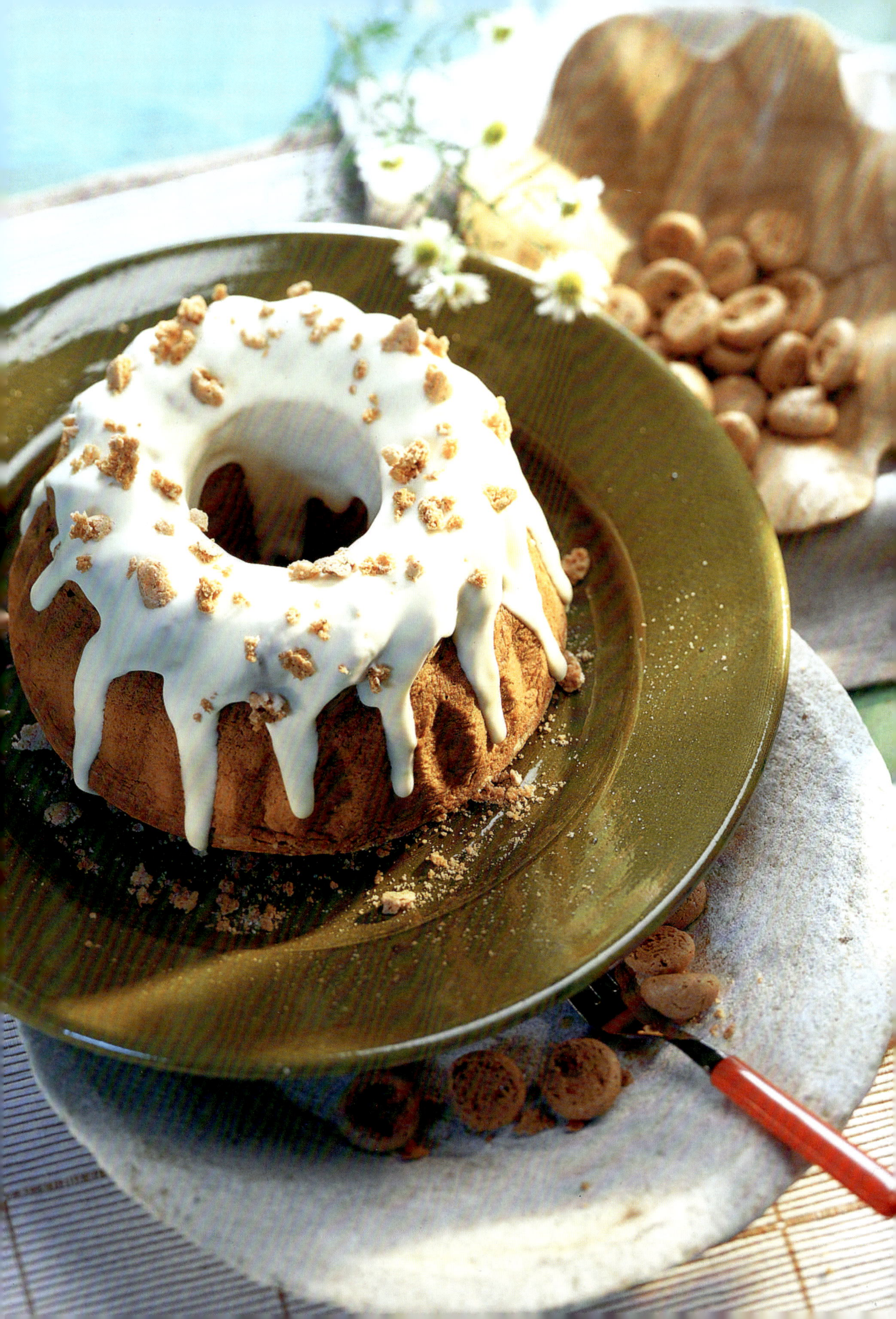

Bananenhupf

14 Stücke
Für Kinder

Für den Rührteig:
125 g getrocknete Bananen
(erhältlich im Reformhaus)
100 g Buttermilch
1 gestr. TL Dr. Oetker Finesse
Geriebene Zitronenschale
125 g Butter oder Margarine
(zimmerwarm)
100 g brauner Rohrzucker
1 Pck. Dr. Oetker Vanillin-Zucker
1 Prise Salz
2 Eier (Größe M)
175 g Weizenmehl
2 gestr. TL Dr. Oetker Backin

Für die Form:
Semmelbrösel

Zum Bestäuben:
etwas Puderzucker

Pro Stück:
E: 3 g, F: 9 g, Kh: 24 g,
kJ: 790, kcal: 187

Zubereitungszeit: 40 Minuten,
ohne Abkühlzeit
Backzeit: etwa 50 Minuten

1 Den Backofen vorheizen.
Ober-/Unterhitze: etwa 180 °C
Heißluft: etwa 160 °C

2 Für den Teig getrocknete Bananen fein hacken, zusammen mit Buttermilch und Zitronenschale mit einem Pürierstab pürieren.

3 Butter oder Margarine mit einem Mixer (Rührstäbe) auf höchster Stufe geschmeidig rühren. Nach und nach Rohrzucker, Vanillin-Zucker und Salz unterrühren. So lange rühren, bis eine gebundene Masse entstanden ist. Jedes Ei etwa $1/2$ Minute unterrühren.

4 Mehl mit Backpulver mischen und abwechselnd in 2 Portionen mit dem Bananenpüree kurz auf mittlerer Stufe unterrühren.

5 Den Teig in eine Gugelhupfform (Ø 16 cm, gefettet, mit Semmelbröseln ausgestreut) füllen, glatt streichen. Die Form auf dem Rost in den vorgeheizten Backofen schieben. Den Gugelhupf **etwa 50 Minuten backen.**

6 Die Form auf einen Kuchenrost stellen. Den Gugelhupf etwa 5 Minuten in der Form stehen lassen, dann aus der Form lösen und auf einen mit Backpapier belegten Kuchenrost setzen. Den Gugelhupf erkalten lassen und mit Puderzucker bestäuben.

Tipp: Sie können die Bananen auch in Stücke schneiden und im Standmixer oder im Zerkleinerer zusammen mit der Buttermilch pürieren. Geben Sie anstelle des Puderzuckers einen Schokoladenguss auf den Kuchen und legen Sie zusätzlich einige Gelee-Bananen auf den feuchten Guss.

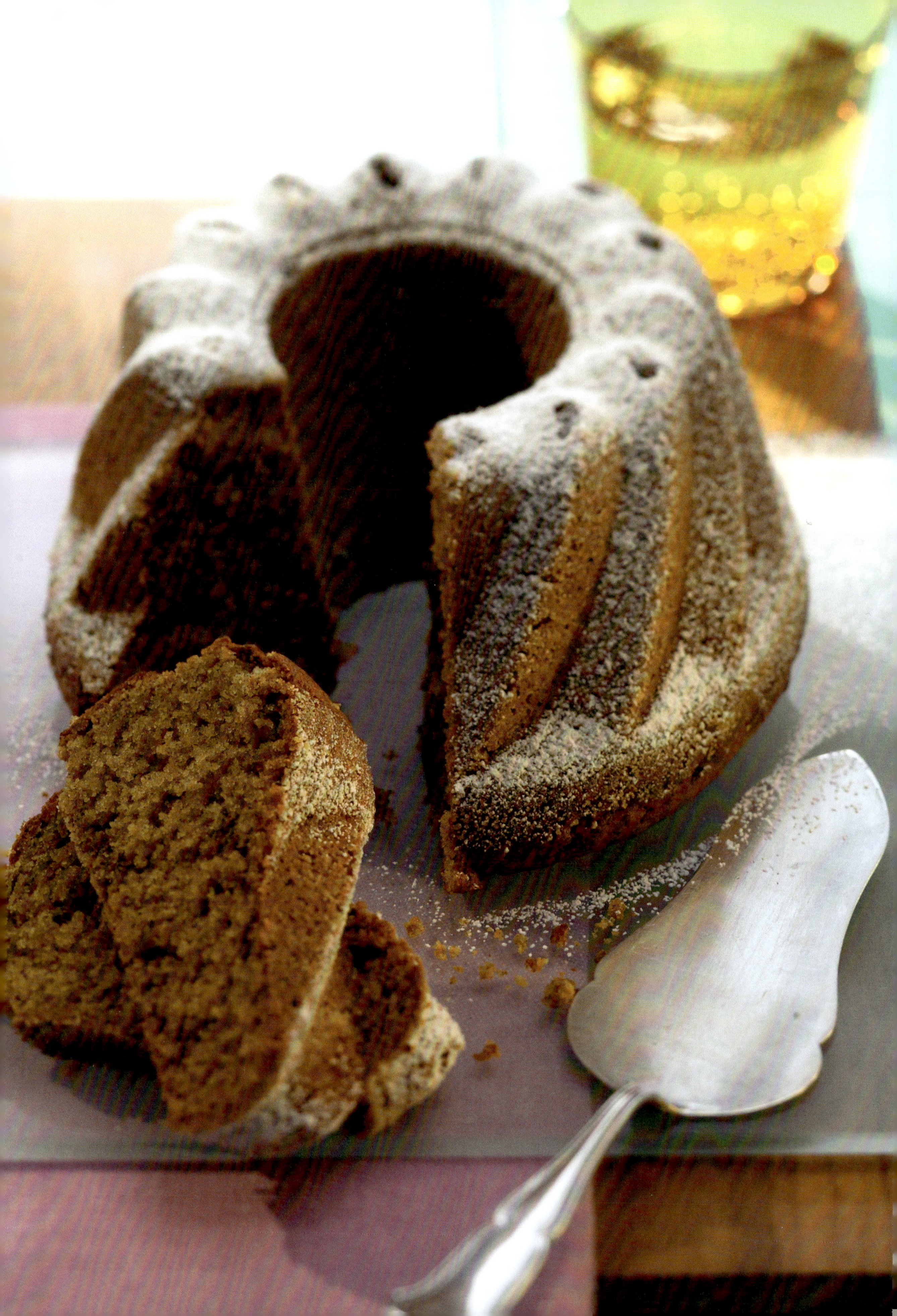

Mohn-Zebrakuchen

20 Stücke
Gut vorzubereiten – einfach

Für den Schüttelteig:
150 g Butter oder Margarine
250 g Weizenmehl
3 gestr. TL Dr. Oetker Backin
120 g Zucker
2 Pck. Dr. Oetker
Bourbon-Vanille-Zucker
3 Eier (Größe M)
125 g Mohnsamen

Zum Bestäuben:
1 EL Puderzucker

Pro Stück:
E: 4 g, F: 10 g, Kh: 17 g,
kJ: 759, kcal: 181

Zubereitungszeit: 35 Minuten, ohne Abkühlzeit
Backzeit: etwa 50 Minuten

1 Den Backofen vorheizen.
Ober-/Unterhitze: etwa 180 °C
Heißluft: etwa 160 °C

2 Für den Teig Butter oder Margarine in einem Topf zerlassen und abkühlen lassen. Mehl mit Backpulver mischen, in eine verschließbare Schüssel (etwa 3-Liter-Inhalt) geben und mit Zucker und Vanille-Zucker mischen. Die Eier und die zerlassene Butter oder Margarine hinzufügen. Die Schüssel mit dem Deckel fest verschließen.

3 Die Schüssel mehrmals (insgesamt 15–30 Sekunden) kräftig schütteln, sodass alle Zutaten gut vermischt sind. Alles mit einem Schneebesen oder Rührlöffel nochmals sorgfältig durchrühren, damit trockene Zutaten vom Rand mit untergerührt werden.

4 Den Teig halbieren. Unter eine Teighälfte den Mohn heben. Abwechselnd jeweils 1 Esslöffel von dem hellen und dem Mohnteig in eine Gugelhupfform (Ø 22 cm, gefettet, bemehlt) geben, bis der Teig verbraucht ist. Die Form auf dem Rost in den vorgeheizten Backofen schieben. Den Kuchen **etwa 50 Minuten backen.**

5 Die Form auf einen Kuchenrost stellen. Den Kuchen etwa 10 Minuten in der Form stehen lassen, dann aus der Form lösen und auf den mit Backpapier belegten Kuchenrost stürzen. Kuchen erkalten lassen und mit Puderzucker bestäuben.

Tipp: Sie können den Kuchen auch mit einem Puderzuckerguss überziehen. Dafür 150 g gesiebten Puderzucker mit etwa 2 Esslöffeln Zitronensaft zu einer dickflüssigen Masse verrühren. Den Kuchen damit überziehen. Den Guss fest werden lassen.

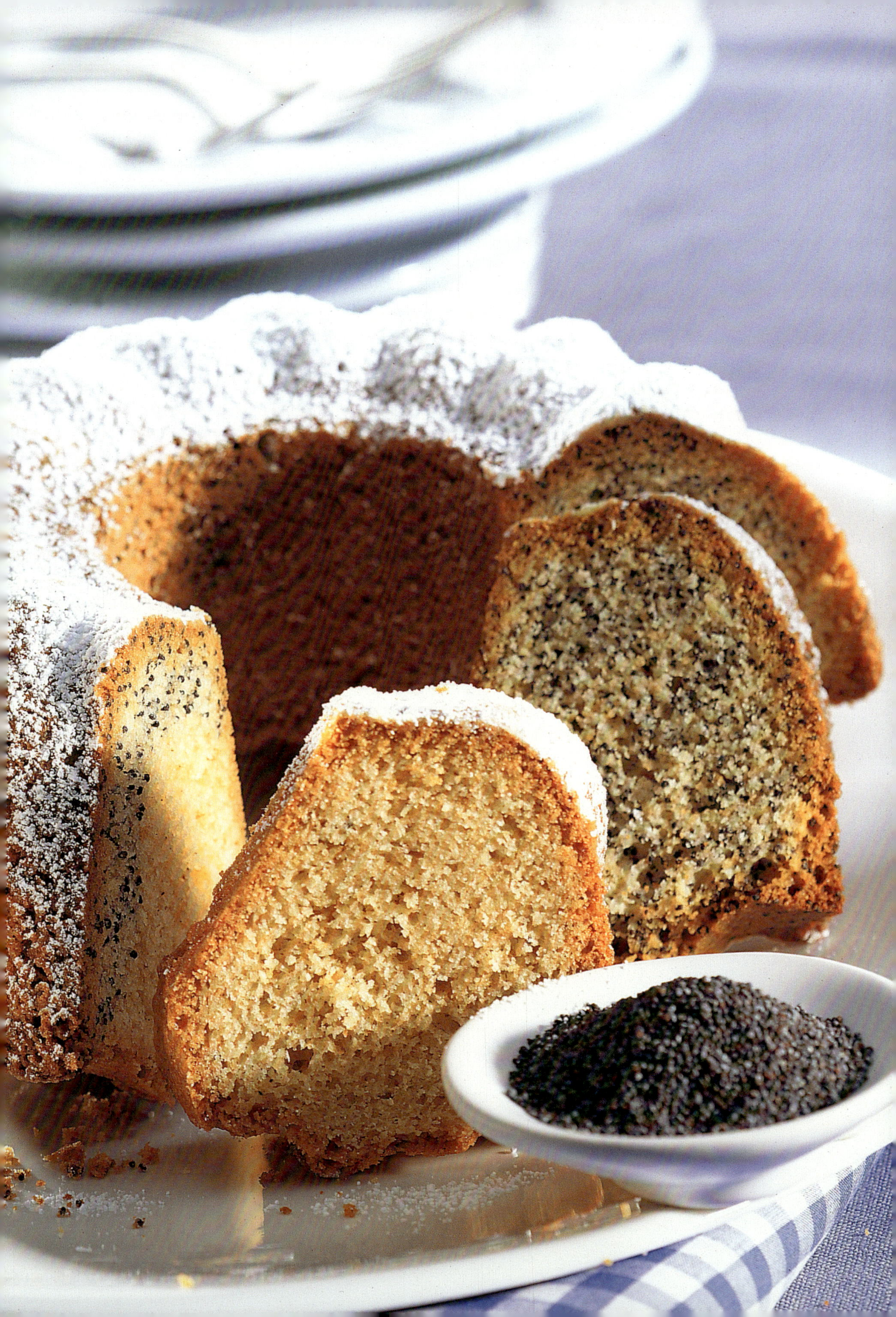

Vollkorn-Gugelhupf

20 Stücke
Klassisch

Für den Rührteig:
250 g weiche Butter oder Margarine
200 g Zucker
1 Pck. Dr. Oetker Vanillin-Zucker
1 Prise Salz
1/2 TL gemahlener Zimt oder Dr. Oetker Finesse Geriebene Zitronenschale
5 Eier (Größe M)
500 g Vollkorn-Weizenmehl
1 Pck. Dr. Oetker Backin
200 ml Milch

Zum Bestäuben:
Puderzucker

Pro Stück:
E: 5 g, F: 13 g, Kh: 27 g,
kJ: 1042, kcal: 249

Zubereitungszeit: 35 Minuten, ohne Abkühlzeit
Backzeit: 55–60 Minuten

1 Den Backofen vorheizen.
Ober-/Unterhitze: etwa 180 °C
Heißluft: etwa 160 °C

2 Für den Teig Butter oder Margarine mit einem Mixer (Rührstäbe) auf höchster Stufe geschmeidig rühren. Zucker, Vanillin-Zucker, Salz und Zimt oder Zitronenschale unterrühren. So lange rühren, bis eine gebundene Masse entstanden ist. Jedes Ei etwa 1/2 Minute unterrühren.

3 Mehl mit Backpulver mischen und in 2 Portionen abwechselnd mit der Milch unterrühren. Den Teig in eine Napfkuchenform (Ø 22 cm, gefettet, bemehlt) füllen und verstreichen. Die Form auf dem Rost in den vorgeheizten Backofen schieben. Den Kuchen **55–60 Minuten backen.**

4 Die Form auf einen Kuchenrost stellen. Den Kuchen etwa 5 Minuten in der Form stehen lassen, dann aus der Form lösen und auf den mit Backpapier belegten Kuchenrost stürzen. Kuchen erkalten lassen. Anschließend den Kuchen mit Puderzucker bestäuben.

Tipp: Der weiße Zucker kann zur Hälfte durch braunen Zucker ersetzt werden. Zusätzlich können 100 g getrocknete, entkernte, fein gehackte Pflaumen, Rosinen oder fein gehackte Vollmilch-Schokolade in den Teig gegeben werden. Überziehen Sie den Kuchen mit 1 Päckchen geschmolzener Schoko-Kuchenglasur.
Sie können den Kuchen auch in einer Kastenform (30 x 11 cm, gefettet, bemehlt) backen.

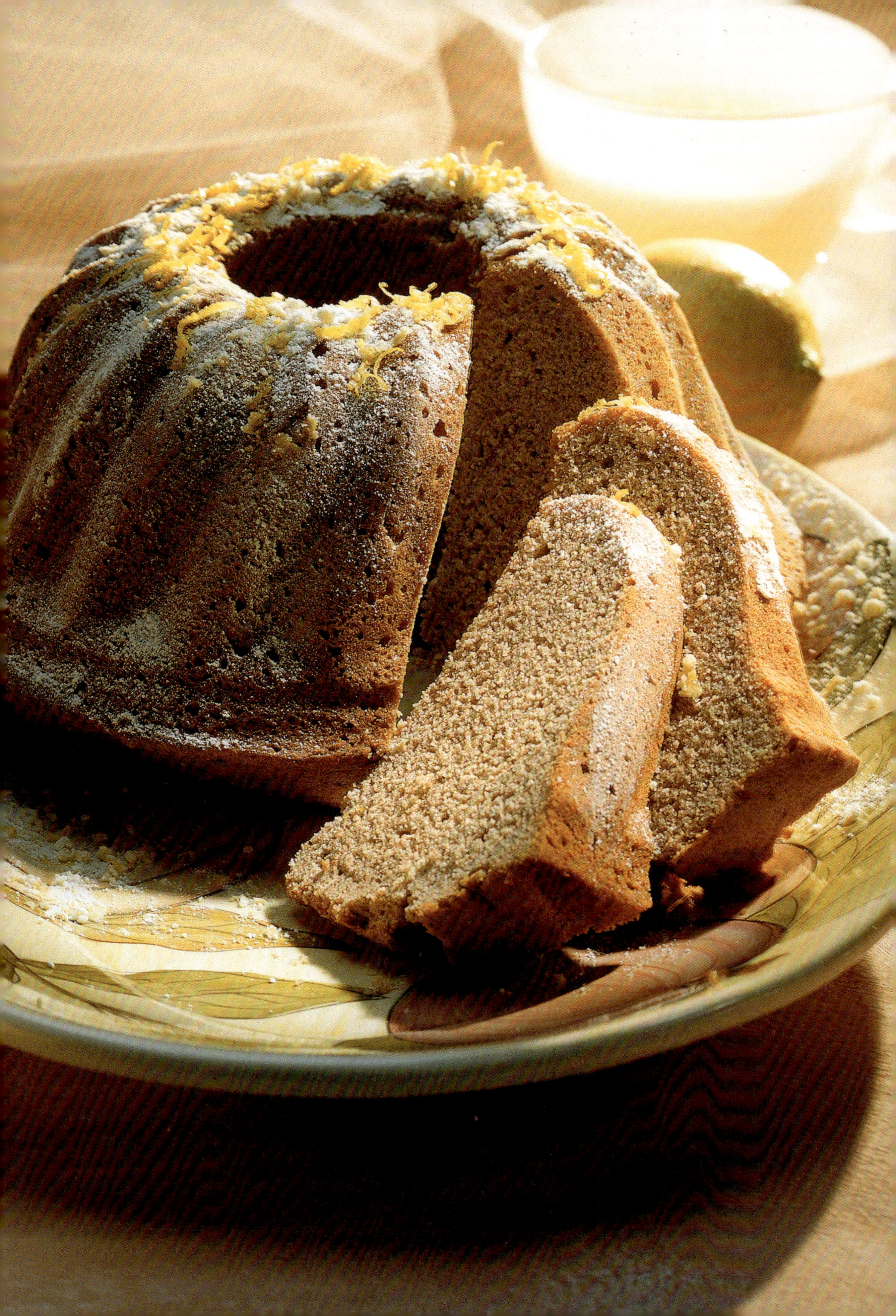

Kleiner Kokos-Marmorkuchen

14 Stücke
Raffiniert – mit Alkohol

Für den Rührteig:
150 g weiche Butter
oder Margarine
75 g Zucker
1 Pck. Dr. Oetker Vanillin-Zucker
3 Eier (Größe M)
180 g Weizenmehl
1 gestr. TL Dr. Oetker Backin
4 EL Eierlikör
175 g Mandarinen
(aus der Dose)
1 gestr. EL gesiebtes Kakaopulver
1 EL Kokosraspel

Für den Guss:
100 g Zartbitter-Kuvertüre
1 EL Speiseöl
2 EL Kokosraspel

Pro Stück:
E: 4 g, F: 16 g, Kh: 22 g,
kJ: 1052, kcal: 251

Zubereitungszeit: 40 Minuten,
ohne Abkühlzeit
Backzeit: etwa 50 Minuten

1 Den Backofen vorheizen.
Ober-/Unterhitze: etwa 180 °C
Heißluft: etwa 160 °C

2 Für den Teig Butter oder Margarine mit einem Mixer (Rührstäbe) auf höchster Stufe geschmeidig rühren. Nach und nach Zucker und Vanillin-Zucker unterrühren. So lange rühren, bis eine gebundene Masse entstanden ist. Jedes Ei etwa 1/2 Minute unterrühren.

3 Mehl mit Backpulver mischen und abwechselnd mit der Hälfte des Eierlikörs auf mittlerer Stufe unterrühren.

4 Mandarinen auf einem Sieb abtropfen lassen und unter die Hälfte des Teiges heben. Den Teig in eine kleine Napfkuchenform (Ø 16 cm, gefettet) füllen. Die zweite Teighälfte mit Kakao, Kokosraspeln und dem restlichen Eierlikör verrühren und auf dem hellen Teig verteilen.

5 Dann den dunklen Teig mit einer Gabel spiralförmig durch den hellen Teig ziehen, sodass ein Marmormuster entsteht. Die Form auf dem Rost in den vorgeheizten Backofen schieben. Den Kuchen **etwa 50 Minuten backen.**

6 Die Form auf einen Kuchenrost stellen. Den Kuchen etwa 10 Minuten in der Form stehen lassen, dann aus der Form lösen und auf den mit Backpapier belegten Kuchenrost stürzen. Kuchen erkalten lassen.

7 Für den Guss die Kuvertüre in Stücke hacken und mit Speiseöl in einem kleinen Topf im heißen Wasserbad bei schwacher Hitze unter Rühren schmelzen. Den Kokos-Marmorkuchen mit dem Guss überziehen und mit Kokosraspeln bestreuen. Guss fest werden lassen.

Tipp: Der Eierlikör kann durch Milch ersetzt werden.

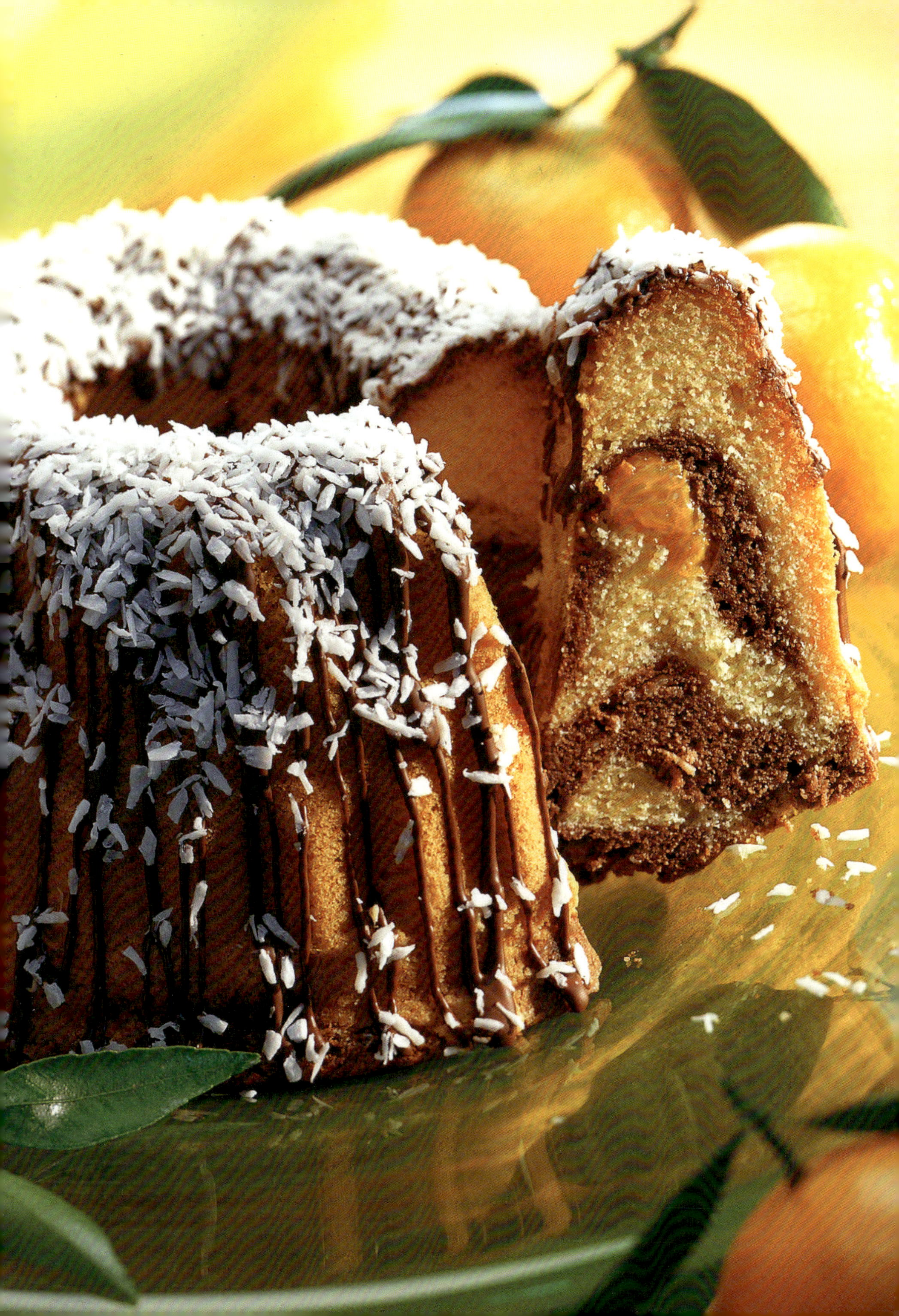

Getränkter Schoko-Gewürzkuchen

20 Stücke
Klassisch

Für den Schüttelteig:
125 g Butter
300 g Weizenmehl
4 gestr. EL gesiebtes Kakaopulver
3 gestr. TL Dr. Oetker Backin
200 g Zucker
1 Pck. Dr. Oetker Vanillin-Zucker
2 gestr. TL Lebkuchengewürz
4 Eier (Größe M)
300 g Schlagsahne

Für den Sirup:
200 ml Wasser
100 g Zucker
1 Pck. Dr. Oetker Finesse Orangenschalen-Aroma

Zum Bestäuben:
etwas Puderzucker

Pro Stück:
E: 4 g, F: 12 g, Kh: 28 g,
kJ: 968, kcal: 231

Zubereitungszeit: 15 Minuten, ohne Abkühlzeit
Backzeit: 50–55 Minuten

1. Für den Teig Butter zerlassen und abkühlen lassen.

2. Den Backofen vorheizen.
   Ober-/Unterhitze: etwa 180 °C
   Heißluft: etwa 160 °C

3. Mehl mit Kakao und Backpulver mischen, in eine verschließbare Schüssel (etwa 3-Liter-Inhalt) geben und mit Zucker, Vanillin-Zucker und Lebkuchengewürz mischen. Eier, Sahne und die flüssige Butter hinzufügen. Die Schüssel mit dem Deckel fest verschließen.

4. Die Schüssel mehrmals kräftig schütteln (insgesamt 15–30 Sekunden), sodass alle Zutaten gut vermischt sind. Alles mit einem Schneebesen oder Rührlöffel nochmals sorgfältig durchrühren, damit trockene Zutaten vom Rand mit untergerührt werden.

5. Den Teig in eine Napfkuchenform (Ø 22 cm, gefettet, bemehlt) füllen und glatt streichen. Die Form auf dem Rost in den vorgeheizten Backofen schieben. Den Kuchen **50–55 Minuten backen.**

6. Die Form auf einen Kuchenrost stellen. Den Kuchen etwa 10 Minuten in der Form stehen lassen.

7. In der Zwischenzeit für den Sirup Wasser, Zucker und Orangenschalen-Aroma in einem Topf zum Kochen bringen und unter gelegentlichem Rühren etwa 5 Minuten sprudelnd kochen lassen.

8. Den heißen Kuchen in der Form dicht an dicht mit einem Holzstäbchen einstechen und mit dem Sirup beträufeln. Wenn die gesamte Flüssigkeit aufgesogen ist, den Kuchen vorsichtig aus der Form lösen und auf eine Platte stürzen. Gewürzkuchen erkalten lassen.

9. Den Gewürzkuchen vor dem Servieren mit Puderzucker bestäuben.

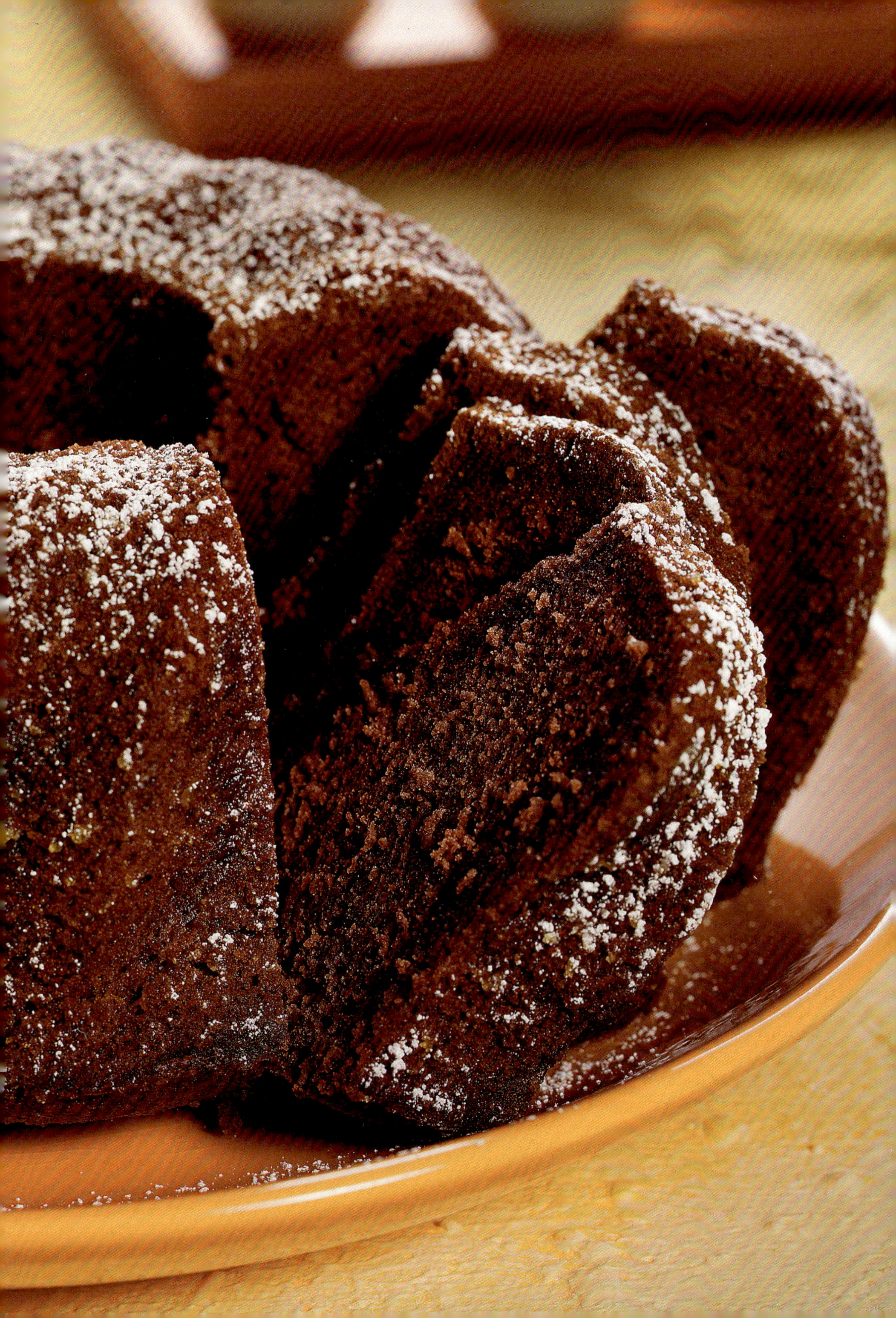

Cranberry-Macadamia-Kuchen

16 Stücke
Raffiniert

Zum Vorbereiten:
125 g getrocknete Cranberrys
4 EL Orangensaft
100 g geröstete, gesalzene Macadamianusskerne
2 Pck. Dr. Oetker Vanillin-Zucker
2 gestr. TL Dr. Oetker Finesse Orangenschalen-Aroma
30 g Haferflocken, blütenzart

Für den Rührteig:
150 g weiche Butter oder Margarine
170 g Zucker
1 Pck. Dr. Oetker Vanillin-Zucker
3 Eier (Größe M)
170 g Weizenmehl
2 gestr. TL Dr. Oetker Backin
1–3 gestr. TL gemahlener Zimt

Zum Bestäuben:
15 g Puderzucker

Pro Stück:
E: 3 g, F: 14 g, Kh: 29 g,
kJ: 1061, kcal: 254

Zubereitungszeit: 45 Minuten, ohne Abkühlzeit
Backzeit: 45–55 Minuten

1 Zum Vorbereiten Cranberrys in Orangensaft einweichen. Nusskerne fein hacken. Eingeweichte Cranberrys mit dem Orangensaft, Vanillin-Zucker, Orangenschalen-Aroma, Haferflocken und Nusskernen (1–2 Esslöffel zum Ausstreuen der Form beiseitelegen) mischen.

2 Den Backofen vorheizen.
Ober-/Unterhitze: etwa 180 °C
Heißluft: etwa 160 °C

3 Für den Teig Butter oder Margarine mit einem Mixer (Rührstäbe) auf höchster Stufe geschmeidig rühren. Nach und nach Zucker und Vanillin-Zucker unterrühren. So lange rühren, bis eine gebundene Masse entstanden ist. Jedes Ei etwa $1/2$ Minute unterrühren.

4 Mehl mit Backpulver und Zimt mischen und kurz auf mittlerer Stufe unterrühren. Vorbereitete Cranberry-Mischung unterrühren. Den Teig in eine Gugelhupfform (Ø 22 cm, gefettet, mit den beiseitegelegten Nusskernen ausgestreut) geben und glatt streichen. Die Form auf dem Rost in den vorgeheizten Backofen schieben. Den Kuchen **45–55 Minuten backen.**

5 Die Form auf einen Kuchenrost stellen. Den Kuchen etwa 15 Minuten in der Form stehen lassen, dann aus der Form lösen und auf den Kuchenrost stürzen. Kuchen erkalten lassen und mit Puderzucker bestäuben.

Tipp: Cranberrys können durch frische, entsteinte und halbierte Sauerkirschen ersetzt werden. Sie können auch frische, vorbereitete Cranberrys verwenden, diese jedoch nicht in Orangensaft einweichen.

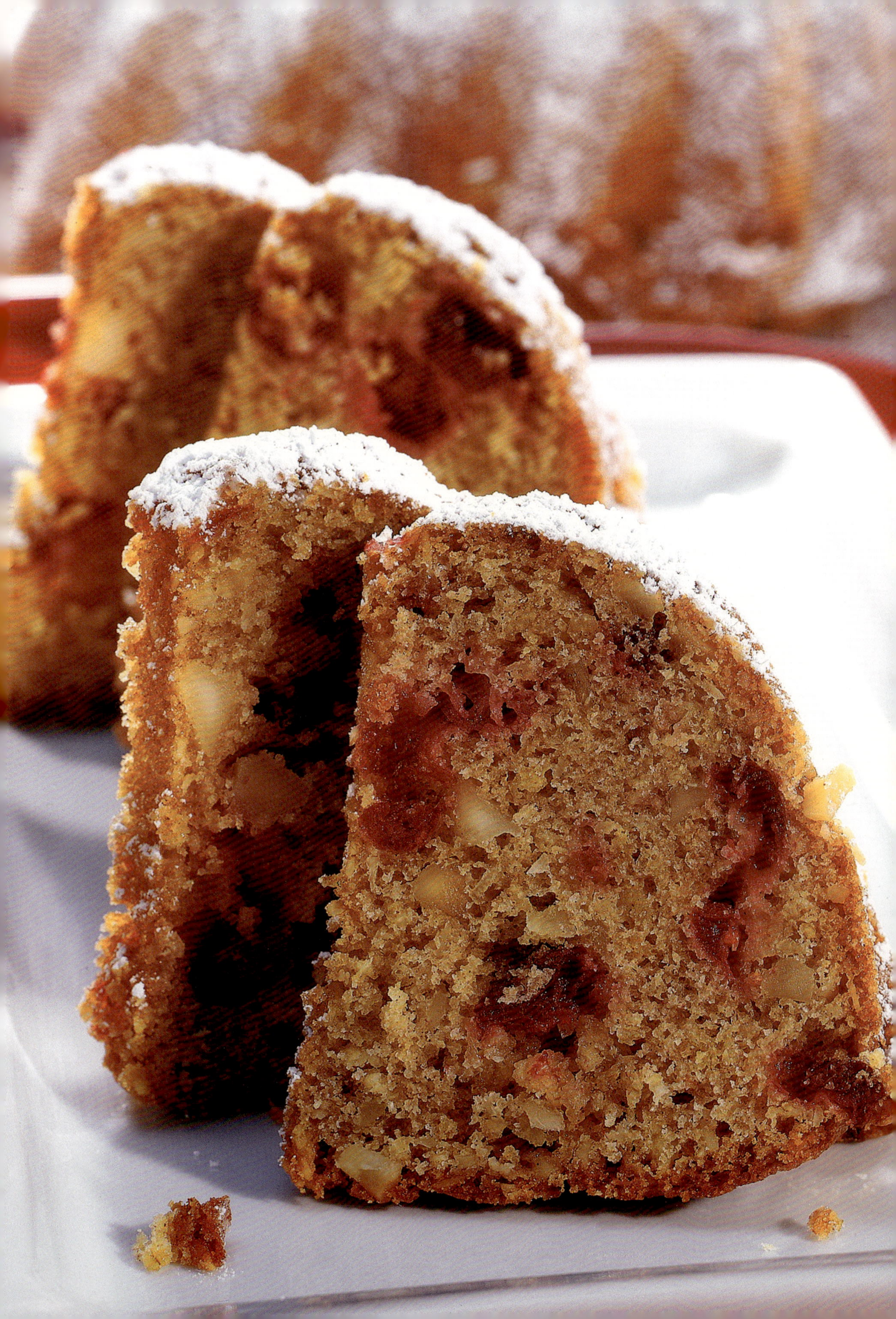

Allgemeine Hinweise

Abkürzungen

EL	=	Esslöffel
TL	=	Teelöffel
Msp.	=	Messerspitze
Pck.	=	Packung/Päckchen
g	=	Gramm
kg	=	Kilogramm
ml	=	Milliliter
l	=	Liter
evtl.	=	eventuell
geh.	=	gehäuft
gestr.	=	gestrichen
TK	=	Tiefkühlprodukt
°C	=	Grad Celsius
Ø	=	Durchmesser

Kalorien-/Nährwertangaben

E	=	Eiweiß
F	=	Fett
Kh	=	Kohlenhydrate
kJ	=	Kilojoule
kcal	=	Kilokalorie

Hinweise zu den Rezepten

Lesen Sie vor der Zubereitung – besser noch vor dem Einkauf – das Rezept einmal vollständig durch. So werden Arbeitsabläufe oder -zusammenhänge verständlicher.
Damit Ihnen wirklich alles blitzschnell gelingt, beachten Sie bitte noch folgende Hinweise:
– Stellen Sie alle Zutaten für den Kuchen, die entsprechende Backform und die benötigten Küchengeräte (z.B. Küchenwaage, Mixer mit Rührstäben oder Knethaken, Rührschüssel, usw.) bereit.
– Bereiten Sie zuerst die Backform oder das Backblech vor. Beginnen Sie dann mit dem Abwiegen der Zutaten und schalten Sie Ihren Backofen (wie im Rezept angegeben) an.

Zutatenliste
Die Zutaten sind in der Reihenfolge ihrer Bearbeitung angegeben.

Arbeitsschritte
Die Arbeitsschritte sind einzeln hervorgehoben, in der Reihenfolge, in der sie von uns ausprobiert wurden.

Backofeneinstellung
Die in den Rezepten angegebenen Backtemperaturen und -zeiten sind Werte, die je nach individueller Hitzeleistung Ihres Backofens über- oder unterschritten werden können. Die Temperaturangaben beziehen sich auf Elektrobacköfen. Beachten Sie bitte bei der Einstellung des Backofens die Gebrauchsanleitung des Herstellers. Die Temperatur-Einstellmöglichkeiten für Gasbacköfen variieren je nach Hersteller sehr stark, sodass wir keine allgemeingültigen Angaben machen können.

Einschubhöhe
Hohe und halbhohe Formen werden im Allgemeinen auf dem Rost auf die untere Einschubleiste geschoben. Abweichungen sind möglich und von der Ausführung Ihres Backofens abhängig. Beachten Sie daher auch die Angaben Ihres Herstellers.

Zubereitungs- und Backzeiten
Die Zubereitungszeit ist ein Anhaltswert für die Zeit der Vorbereitung und die eigentliche Zubereitung. Sie variiert je nach Geschick und Übung. Die Backzeiten sind gesondert ausgewiesen.

Alphabetisches Register

A
Apfel-Zimt-Gugelhupf 18

B
Bananenhupf 50
Buntes Marmorkuchen-Dreierlei 20

C
Cranberry-Macadamia-Kuchen 60

D
Durstige Liese 42

E
Eierlikör-Gugelhupf 16
Erdnussgugelhupf 14
Espresso-Mohn-Kranz 46

F
Feiner Schokoladen-Gugelhupf 44
Fruchtiger Gugelhupf 24

G
Getränkter Limetten-Kokos-Kuchen 30
Getränkter Schoko-Gewürzkuchen 58
Gugelhupf, fein 28

H
Heidesand-Gugelhupf 38
Herbstkuchen mit Weinbeeren 40

I
Italienischer Gugelhupf 48

K
Kartoffel-Aprikosen-Hupf 32
Kleiner Kokos-Marmorkuchen 56

M
Marmorkuchen *(Titelrezept)* 6
Marzipan-Kirsch-Gugelhupf 8
Mohn-Zebrakuchen 52
Mokka-Makronen-Kuchen 34

N
Napfkuchen mit Frischkäse 10

P
Pflaumen-Marmor-Kuchen 12

S
Sandkuchen „Tante Paula" 26
Schokoladen-Macadamia-Kuchen 22
Schwarz-weißer Gugelhupf 36

V
Vollkorn-Gugelhupf 54

Genehmigte Lizenzausgabe für Verlagsgruppe Weltbild GmbH,
Steinerne Furt, 86167 Augsburg
Copyright © 2013 by Dr. Oetker Verlag KG, Bielefeld

Redaktion Jasmin Gromzik, Miriam Krampitz

Titelfoto Fotostudio Diercks, Hamburg
Innenfotos Fotostudio Diercks – Kai Boxhammer, Thomas Diercks, Christiane Krüger, Hamburg (S. 7, 9, 11, 13, 15, 17, 19, 23, 27, 29, 31, 35, 39, 43, 45, 47, 51, 53, 55, 61)
Ulli Hartmann, Halle/Westfalen (S. 25, 33)
Brigitte Wegner, Bielefeld (S. 21, 37, 41, 59)
Bernd Wohlgemuth, Hamburg (S. 49, 57)

Titelgestaltung küstenwerber, Hamburg
Grafisches Konzept und Gestaltung MDH Haselhorst, Bielefeld
Satz und Layout MDH Haselhorst, Bielefeld

Druck und Bindung Neografia, a.s. printing house, Martin

Die Autoren haben dieses Buch nach bestem Wissen und Gewissen erarbeitet. Alle Rezepte, Tipps und Ratschläge sind mit Sorgfalt ausgewählt und geprüft. Eine Haftung des Verlages und seiner Beauftragten für alle erdenklichen Schäden an Personen, Sach- und Vermögensgegenständen ist ausgeschlossen.

Nachdruck und Vervielfältigung (z. B. durch Datenträger aller Art) sowie Verbreitung jeglicher Art, auch auszugsweise, ist nur mit ausdrücklicher Genehmigung und Quellenangabe gestattet.

Printed in the EU
978-3-8289-2778-0

2015 2014 2013
Die letzte Jahreszahl gibt die aktuelle Lizenzausgabe an.
Einkaufen im Internet:
www.weltbild.de